JAMES E. LOEHR

TENNIS IM KOPF

JAMES E. LOEHR

TENNIS IM KOPF

DER MENTALE WEG ZUM ERFOLG

Dritte Auflage

BLV

Die Deutsche Bibliothek – CIP-Einheitsaufnahme

Loehr, James E.
Tennis im Kopf: der mentale Weg zum Erfolg / James E.
Loehr. – 3. Aufl. –
München; Wien; Zürich: BLV, 1997
Einheitssacht.: The mental game ⟨dt.⟩
ISBN 3-405-14728-X

Bildnachweis

Alle Fotos von James Bollettieri, außer:
Thomas Exler S. 7, 26, 44, 48, 52, 72, 83, 91, 113, 131
Exler/Hasenkopf S. 30, 115, 135, 151
Umschlagfoto: Bongarts Sportpressefoto, Hamburg
Umschlaggestaltung: F & H Werbeagentur GmbH, München

Redaktion: Edith Ch. Kiel

Titel der amerikanischen Originalausgabe:
The Mental Game – Winning at Pressure Tennis

Gesamtherstellung: Pustet, Regensburg

Printed in Germany · ISBN 3-405-14728-X

Inhalt

Vorwort

Niki Pilic
Bundestrainer im Deutschen Tennis Bund,
Teamkapitän der Davis-Cup-Mannschaft

Als Betreuer von Spitzenspielern mache ich immer wieder die Erfahrung, daß heutzutage die mentale Stärke eines Spielers langfristig über seinen Erfolg oder Mißerfolg entscheidet. War man früher eher der Meinung, entweder habe man mentale Stärke oder nicht, so weiß man heute, daß sie trainierbar ist. Loehrs Buch ist ein speziell auf den Tennisspieler zugeschnittenes Trainingsbuch zur Förderung und Steigerung mentaler Stärke.

Über Fragen und Antworten beziehungsweise über die Analyse von konkreten Problemen in konkreten Situationen versucht Loehr, sein Wissen und seine Erfahrungen allgemeinverständlich zu vermitteln. Er bringt Beispiele nicht nur von klassischen Spielergrößen wie Connors oder Navratilova, sondern auch von Vertretern der jüngeren Generation wie Agassi und Wheaton. Das macht das Buch sehr aktuell. Da Loehr wichtige kritische Situationen (Verkrampfung, Resignation, Wut, Angst, Streß) analysiert, kann sich jeder Spieler in der einen oder anderen Situation wiedererkennen und sich die entsprechenden Tips des Autors zu Herzen nehmen.

Hinweise wie beispielsweise jene auf den Vorrang von Match-Zielen, über die man Kontrolle haben kann, oder die Einstellung, den Einsatz und die Kampfbereitschaft vor solchen, über die man keine Kontrolle hat, wie das Endergebnis, werden eindrucksvoll begründet und scheinen mir für den Aufbau mentaler Stärke äußerst wichtig.

Auf die schwierige Rolle der Eltern verweist Loehr eindringlich und macht deutlich, wieviel hier schieflaufen kann, aber auch, welch positive Rolle die Eltern bei der Entwicklung mentaler Stärke von Jugendlichen spielen können.

Ein Gewinn ist Loehrs Buch nicht zuletzt für alle Freizeitspieler, da er auch eigens auf deren mentale Probleme eingeht. Zu wünschen wäre, daß möglichst viele Tennisspielerinnen und Tennisspieler mit »Tennis im Kopf« mental stärker werden.

Vorwort

Prof. Dr. Hartmut Gabler
Sportpsychologe, Vizepräsident
des Deutschen Tennis Bundes

Es ist unbestritten, daß beim Tennisspiel mentale Fähigkeiten in besonderem Maße gefordert werden. Trotzdem wissen viele Spielerinnen und Spieler nur wenig darüber, wie sie diese Fähigkeiten einsetzen und vor allem, wie sie sie verbessern können. Das Techniktraining steht zumeist im Mittelpunkt des Bemühens, das eigene Spiel zu verbessern. Im Bereich des Konditionstrainings wurden in den letzten Jahren gute Fortschritte erreicht. Beim Taktiktraining und psychologischen Training, also der gezielten Verbesserung der mentalen Fähigkeiten, bestehen jedoch große Defizite. Hierfür gibt es viele Ursachen. Zu ihnen gehört unter anderem, daß die vorliegende Literatur zu allgemein, also zu wenig auf die unterschiedlichen Anforderungen der einzelnen Sportarten ausgerichtet ist und daß die Texte häufig zu wissenschaftlich, also für den Nicht-Experten schwer verständlich sind.
Auf das Buch von Dr. Loehr treffen beide Einwände nicht zu. Es ist ganz konkret am Tennissport ausgerichtet, und es ist gut lesbar und verständlich. Trotzdem hat das, was Dr. Loehr an praktischen Tips empfiehlt, durchaus einen wissenschaftlichen Hintergrund. Seine Analysen und praktischen Tips orientieren sich an den Themen, Fragestellungen und Problemen, mit denen jeder Tennisspieler in der Praxis selbst konfrontiert wird: Wie kontrolliere ich meine Emotionen, vor allem Ärger, Angst, Streß und Nervosität? Was mache ich gegen Verkrampfungen, die durch solche Emotionen entstehen? Wie verarbeite ich »Durchhänger« im Match, aber auch im Laufe der Saison? Wie gewinne ich mehr Selbstvertrauen?

Ich wünsche dem Buch viele interessierte Leserinnen und Leser. Sie werden es sicherlich mit persönlichem Gewinn lesen.

Vorwort

Neil Amdur
Herausgeber von »World Tennis«

Jedem Tennisspieler ist es während seiner Karriere schon einmal passiert: Man führt deutlich in einem Match und ist sich ganz sicher, zu gewinnen. Aber dann verliert man unerklärlicherweise. Irgend etwas geschieht auf dem Platz: Man verschlägt ein paar Bälle, wird zunehmend nervös und frustriert, und man muß zusehen, wie sich der sicher geglaubte Sieg in eine Niederlage verwandelt.
Wie kann so etwas geschehen und warum? Und was kann man tun, um einen derartigen Spielverlauf zu verhindern? Sind Antworten auf diese Fragen möglich, ehe sich das gleiche wiederholt? All diese Fragen stellen sich Turnierspieler, Freizeitsportler und Profis, Männer und Frauen, Jugendspieler und Senioren, im Einzel und im Doppel immer wieder. Als Journalist, der das Tennisgeschehen mehr als drei Jahrzehnte verfolgt hat, konnte ich beobachten, wie einige der weltbesten Spieler, nachdem sie die ersten zwei Sätze gewonnen hatten, noch im fünften verloren, bei Matchball einen Doppelfehler produzierten und bei Passierbällen so verkrampft waren, daß sie kaum in der Lage waren, den Schläger zum Ball zu bringen.
Selbst Tennisspieler, bin ich auch Opfer solcher Demütigungen auf dem Platz gewesen, wenn meine Vorhand plötzlich weg war oder wenn bei einem Breakball oder einem Volley, der leicht zu verwandeln gewesen wäre, meine Gedanken ganz woanders waren.
Solche Schmach zu überwinden ist leichter gesagt als getan. Aber in den letzten Jahren hat sich viel von meiner Instabilität als Spieler gegeben, seit ich regelmäßig mit Dr. Loehr gesprochen habe, dessen Rubrik »Das mentale Spiel« zu einer festen Einrichtung in »World Tennis« geworden ist. Dr. Loehr hat zweifellos einen besseren Zugang zu den mentalen und psychologischen Aspekten von Tennis als fast alle anderen Menschen. Er hat die Fähigkeit, potentiell kritische Situationen zu untersuchen und logische Erklärungen zu finden, die für jeden Spieler zutreffen.
Es ist schwierig, die Bedeutung der mentalen Seite in der jeweiligen sportlichen Gesamtsituation richtig einzuschätzen. In Mannschaftssport-

arten wie Fußball, Basketball, Baseball und Eishockey sind Schlüsselbegriffe wie »Schwung«, »mit dem Kopf dabeisein« und »das richtige Gefühl« oft zu hören. Trotzdem relativiert die Gegenwart des Trainers als Autoritätsperson und das gesamte Team als gemeinsamer Bezugspunkt die Bedeutung der Rolle des einzelnen.

Beim Eiskunstlaufen, beim Kunstturnen und beim Kunstspringen geht es um individuelle Leistungen. Allerdings werden die Leistungen anhand des jeweiligen Gütestandards von Kampfrichtern gemessen, was eine neue Dimension für Interpretationen eröffnet. Beim Golf setzt sich der Teilnehmer mit einem vorgegebenen Kurs auseinander – das ist wieder eine andere Art von Hindernis.

Beim Tennis und Boxen stehen sich die Wettkämpfer auf einer je eigenen Bühne gegenüber. Beide Sportarten enthalten Elemente, bei denen hohe physische Kompetenz dominiert. Aber beide sind auch mit hohem mentalen Einsatz verbunden. Boxer haben oft gesagt, daß ein Titelkampf auf dem Weg von der Kabine in den Ring gewonnen oder verloren werden kann; ähnliches paßt auf die Vorbereitung für ein Tennismatch.

Manche Spieler glauben sogar, daß beim Tennis der mentale Anteil 90 Prozent und der physische nur 10 Prozent ausmache, andere spielen den mentalen Aspekt herunter, vielleicht um ihre eigene Unsicherheit zu verbergen. In jedem Fall hat Tennis seine Grenzen heute erweitert: Das Schlägermaterial erlaubt eine noch stärkere Betonung von Schlaggeschwindigkeit und Topspineinsatz, die mentale Stärke des Spielers kann zum »Tiebreak« werden, wenn es »eng« wird, insbesondere im Leistungssport und in der Weltspitze.

Dr. Loehrs Beiträge sind nicht einfach Rezepte, die auf seinen Theorien beruhen. Er hat in all den Jahren Hunderte von Athleten beraten, und viele ihrer persönlichen Geschichten eröffnen eine praktische Perspektive, die für jeden etwas bringt.

Ich kann fast dafür garantieren, daß Sie, wenn Sie dieses Buch gründlich gelesen haben, ein anderer Mensch auf dem Tennisplatz sein werden. Und Spaß und Freude, die Sie beim Tennisspiel neu entdecken, werden ein Spiegel Ihrer mentalen Zufriedenheit sein.

Einführung

Ein altes chinesisches Sprichwort sagt, daß diejenigen, die den Weg auf eine tückische Bergspitze suchen, sich zuerst alle möglichen Routen ansehen und dann jemanden fragen sollen, der schon dort war. Im Tennis haben nur einige Auserwählte den Aufstieg zum Gipfel geschafft. Ihr Ausblick ist einzigartig.

Man kann viel lernen, wenn man die Weltbesten und ihre Trainer, die ihnen geholfen haben, studiert. Die Anfänge meiner eigenen Arbeit in der Sportpsychologie liegen im Jahre 1976, als ich zwei Jahre lang Spitzenspieler und deren Trainer interviewt habe. Bis heute bilden ihre Einsichten die Basis meiner Arbeit, und sie werden es weiterhin tun. Zwei ausgezeichnete Arbeiten dieser Forschungsrichtung sind überdies die Interviews von David Hemery mit 63 Athleten aus 22 Sportarten in seinem Buch »Sporting Excellence« und die im Auftrag des amerikanischen Tennisverbandes von Ron Woods durchgeführten Untersuchungen an Spitzenspielern von 1987. Hemery hat ehemalige Spitzenspieler wie Rod Laver, John Newcombe, Chris Evert, Billie Jean King und Margaret Court sowie Athleten aus anderen Sportarten wie z. B. Wayne Gretzky, Carl Lewis, Pete Rose, O. J. Simpson und Steve Ovett interviewt. Der Zweck von Hemerys Untersuchungen war, gemeinsame leistungsbestimmende Faktoren zu finden. Viele seiner Ergebnisse sind auch für normale Tennisspieler von Bedeutung. Das Durchschnittsalter der Spezialisierung auf eine Sportart lag überraschend hoch, nämlich bei 16 Jahren. Fast alle haben bis hin zur Pubertät mehr als eine Sportart betrieben. Mehr als zwei Drittel berichteten, daß sie sich körperlich spät entwickelt hätten, und mehr als 50 Prozent gaben an, daß sie emotionale Spätentwickler gewesen seien. Was das Familienleben betrifft, so fühlten sich 98 Prozent der Athleten als Kinder geborgen und glücklich und beschrieben es als stabil. 95 Prozent hatten Eltern, die sie nicht zum Sport drängten, aber 92 Prozent fühlten sich von ihren Eltern in ihrem Streben unterstützt.

100 Prozent der befragten Spitzensportler hielten im psychischen Bereich emotionales Engagement und Kontrolle für notwendige und

signifikante Faktoren ihres Erfolgs. 80 Prozent meinten, das Visualisieren sei ein wichtiger Faktor für die Leistung, und 100 Prozent hielten Entschlossenheit und Einsatz für die wesentlichen psychischen Faktoren, die sie von ihren weniger erfolgreichen Kollegen unterschieden.

Die Untersuchung des amerikanischen Tennisverbandes führte zu ähnlichen Ergebnissen wie die Hemerys. 51 amerikanische Spitzenspieler (30 Männer und 21 Frauen) nahmen an der Untersuchung teil, die Persönlichkeitsmerkmale, Trainingsgewohnheiten und individuelle Entwicklung von Amerikas erfolgreichsten Tennisspielern feststellen sollte. Die Ergebnisse der einzelnen Befragungen waren in vieler Hinsicht verblüffend ähnlich. Das Persönlichkeitsprofil des erfolgreichen Spielers sah so aus: Der Spieler beginnt Tennis im Alter zwischen sechs und zehn Jahren und betreibt nebenher noch weitere Sportarten, meistens Basketball, Baseball oder Softball. Ausschließlich auf Tennis konzentriert er sich erst mit vierzehn Jahren.

Ehrgeiz wurde durchgehend als Hauptmerkmal für Wettkampferfolge angesehen. Die Eltern spielten die wichtigste Rolle in der Entwicklung des jungen Tennisspielers; an zweiter Stelle folgten die Trainer. Als Persönlichkeitsmerkmale, die für den sportlichen Erfolg am wichtigsten waren, wurden das Verlangen zu gewinnen, Selbstvertrauen, Fairneß und eine gute Konzentration genannt. Nach Ansicht der befragten Personen war der Erfolg vor allem emotionaler und psychischer Stärke zuzuschreiben.

Aufgrund meiner Untersuchungen habe ich festgestellt, daß professionelle und Freizeitspieler im Tennis sehr ähnliche emotionale und mentale Herausforderungen erfahren. Gleichgültig also, ob Sie Tennisprofi oder Freizeitspieler sind – es gibt vier Schlüsselbereiche, in denen Sie mentale Stärke entwickeln sollten: Selbstvertrauen und Intensität aufbauen, Nerven und Streß kontrollieren, spezielle Strategien vor dem Spiel, währenddessen und danach verfolgen sowie produktive Ziele und Einstellungen entwickeln. Diese Bereiche gelten unabhängig von Ihrer Spielstärke.

Auf den folgenden Seiten finden Sie eine Zusammenstellung von Artikeln, die ich für »World Tennis« seit 1984 geschrieben habe. Die Beiträge konzentrieren sich auf diese vier kritischen Bereiche und haben zum Ziel, dem Tennisspieler zu helfen, die mentale Seite des Spiels besser zu verstehen und zu beherrschen, um öfter zu gewinnen.

Wenn Sie sich in diesem Buch mit den Problemen beschäftigen, die viele Spieler – vom Freizeitspieler über den jugendlichen Ranglistenspieler bis zum Weltklassespieler – haben, werden Sie merken, wie mentales Training Ihnen helfen kann, Punkte, Spiele und Matches zu gewinnen. Mit Hilfe dieses Buches werden Sie Ihre eigenen Möglichkeiten schneller und besser ausschöpfen.

1

Intensität und Selbstvertrauen

Der Schlüssel zu mentaler Stärke

Anmerkung des Verlags:
Der Begriff »Intensität« wird in den Publikationen Dr. Loehrs in einem Sinn verwendet, der teilweise nicht dem deutschen Sprachgebrauch entspricht. So, wie er hier in diesem Buch gebraucht wird, kann er je nach Sinnzusammenhang etwa folgende Bedeutungen haben:

- Energieaktivierung,
- äußerste Einsatzbereitschaft und Willensanstrengung,
- innere Kraft.

Insbesondere bei der Lektüre des folgenden Kapitels sollte beim Auftreten des Begriffs Intensität dieses Bedeutungsspektrum bedacht werden. Interessanterweise beginnt sich der Begriff, vermutlich vor allem durch die zahlreichen Veröffentlichungen von Dr. Loehr in Fachzeitschriften, bei Trainern wie bei Spielern auch hierzulande durchzusetzen.

Intensität – Spieler, Trainer, ja sogar Zuschauer sprechen mehr und mehr davon. Äußerlich und deutlich kann man sehen, ob ein Spieler Intensität besitzt und wann sie verlorengeht. Wer etwas von sportlicher Leistung versteht, weiß, wie wichtig es ist, sie zu besitzen, hat aber Schwierigkeiten, sie genau zu definieren.
Intensität ist die Aktivierung von Energie. Das bedeutet psychische und physiologische Erregung. Das rechte Maß führt zu einem optimalen Zustand mentaler und physischer Bereitschaft. In anderen Worten, Sie sind in der Lage, Ihr bestes Tennis zu spielen.
Selbstvertrauen – Wenn Sie es haben, sind Sie anders, ganz anders als ohne. Sie sind entspannter und präziser im Denken. Sie bewegen sich besser, treffen den Ball besser und lösen Probleme besser. Sie gehen sogar anders. Sie gehen aufrechter und tragen den Kopf höher. Sie sind aggressiver, zuversichtlicher und angriffslustiger. Die Wahrscheinlich-

keit, daß Sie nervös werden, ist geringer. Mit Selbstvertrauen sind Sie beinahe ein anderer Mensch.
Wenn Sie voller Selbstvertrauen sind, können Sie in erstaunliche Höhen gelangen; ohne Selbstvertrauen sind selbst die einfachsten Leistungen außer Reichweite. Ich frage mich oft, wie es möglich ist, daß ein so einfaches menschliches Gefühl eine so weitreichende und dramatische Wirkung auf die körperliche Leistung haben kann.
Wenn Sie voller Selbstvertrauen Tennis spielen, scheinen Sie unschlagbar und fühlen sich auch so.

Die Kraft der Intensität

Wenn das Wort Intensität durch den Namen eines Tennisspielers definiert werden könnte, wer käme dann in Frage? Meine persönliche Wahl fiele auf Jimmy Connors. Connors hat sich während seiner über zwanzigjährigen Karriere immer voll eingesetzt und alles gegeben, insbesondere wenn ein Match auf Messers Schneide stand. Nie hat er freiwillig aufgegeben, kein Gegner konnte es sich je leisten, ihn vor dem Matchball abzuschreiben.
Connors' Intensität, seine gleichmäßigen Leistungen – er spielte fast immer an der oberen Grenze seiner Möglichkeiten – und seine Psyche gehören zusammen. Selbst wenn etwas schieflief, gelang es ihm, einen konstruktiven emotionalen Zustand zu bewahren. Auf diese Art und Weise war seine Profikarriere eine der längsten und erfolgreichsten der Tennisgeschichte.
Kampfgeist und Entschlossenheit, gleichmäßige Leistungen und ein gewisser Sinn für Spaß am Match und an der Herausforderung können als Kriterien für die mentale Stärke eines Spielers gelten. Das traf nicht nur auf Jimmy Connors zu, aber auf ihn in besonderem Maße. Beispielhaft deshalb im folgenden der eine oder andere Ausschnitt aus früheren Artikeln über Connors, den Ausnahmespieler, und seine Spielerqualitäten.

Trainieren und spielen Sie mit großer Intensität

Für kurze Zeit mit höchster Intensität zu trainieren und sich im Match hundertprozentig einzusetzen, scheinen ziemlich einfache Prinzipien zu sein. Aber viele Spieler setzen sie nicht in die Praxis um. Sie trainieren mit geringer Intensität und versuchen, im Match mit voller Intensität zu spielen. Um das richtige Maß an Intensität zu finden, bedarf es eines intensiven Trainingsprozesses.

Setzen Sie Humor ein, um Ihre Anspannung zu lösen

In all den Jahren hat Connors gelernt, auch den Humor für sich einzusetzen. Schon ein einfaches Lächeln kann den Spannungsknoten durchtrennen. Connors' Fähigkeit, mit dem Publikum zu spielen und sich über sich selbst lustig zu machen, vermindert den Druck. Humor kann den Streßzirkel in einem Match erfolgreich durchbrechen: Humor kann oft die Perspektive verändern und Spaß und Kontrolle in eine sonst kaum zu bewältigende Situation bringen.
Als Faustregel gilt: Wenn Sie Ihren Sinn für Humor behalten können, dann haben Sie auch volle Kontrolle.

Wenn der Druck größer wird, spielen Sie aggressiver

Connors wartet nicht darauf, daß etwas passiert, wenn der Druck steigt. Er selbst ergreift die Initiative und setzt seine Schläge voll ein. Normalerweise reagiert ein Spieler, indem er defensiv spielt. Darauf zu warten, daß ein Gegner einen leichten Fehler macht, bringt auf lange Sicht nichts. Wenn die Punkte oder Spiele wichtig werden, dann sollte der Spieler sein Schicksal selbst in die Hand nehmen. Übernehmen Sie die Initiative, indem Sie aggressiv spielen und das tun, was Sie am besten können. Auf Nummer Sicher spielen, aber aggressiv spielen! Wenn Sie trotzdem verlieren, haben Sie mit Courage verloren.

Suchen Sie den Kampf beim Spiel

Jeder gewinnt gerne, die meisten Menschen haben sogar nur Spaß am Wettkampf, wenn sie gewinnen. Niemand haßt es mehr zu verlieren als Connors, aber er hat gelernt, den Wettkampf selbst zu genießen. Und deswegen scheint Connors auch die Liebe zum Wettkampftennis nie zu verlieren.

Meistern Sie die Herausforderung

Krisen und Pech sind die echten Tests für mentale Stärke. Fast jeder ist ziemlich stark, wenn es keine Probleme gibt. Connors ist einmalig, weil er oft am besten spielt, wenn die Bedingungen am schlechtesten sind.

Anstatt sich zu beklagen oder zu schmollen, nimmt er die Herausforderung an und setzt sich noch stärker ein.
Mentale Stärke im Sport ist eigentlich das Wissen, daß man in schwierigen Situationen mit positiven Emotionen auf Herausforderungen reagiert. Das hat gewöhnlich zur Folge, daß der Gegner zu resignieren beginnt und schlechter spielt.

Erwecken Sie einen überzeugenden Eindruck

Connors' Erscheinung auf dem Platz spricht eine deutliche Sprache über seinen Charakter. Das Bild, das er von sich selbst projiziert, zeigt Selbstvertrauen, Energie, Kampfbereitschaft und Kontrolle. Trotzdem erlebt er die gleichen Zweifel, Ängste und Gefühle wie wir alle. Der Unterschied ist, daß er seine negativen Gefühle auf dem Platz nicht herausläßt. Er erscheint äußerlich so, wie er sich innerlich fühlen möchte; deswegen sehen seine Gegner niemals seine Unsicherheiten und verwundbaren Stellen.

Befreien Sie sich von Gedanken an vergangene Fehler

Eine der eindrucksvollsten Eigenschaften von Connors ist seine Fähigkeit, böse Fehler in kritischen Situationen sofort zu vergessen. Er hat gelernt, kurzerhand weiterzumachen und Fehler Fehler sein zu lassen. Den meisten Spielern wird es zum Verderben, daß sie unfähig sind, mit den eigenen Fehlern umzugehen. »Ich kann diese blöden Fehler nicht ertragen«, heißt es gewöhnlich. Die Fähigkeit, Fehler einfach wegzustekken, nach vorn zu schauen und positiv weiterzuspielen, macht einen beträchtlichen Teil von Connors' Stärke aus.

Halten Sie Alternativen bereit

Connors wird großartig mit allen Problemen auf dem Tennisplatz fertig. Wenn irgend etwas nicht klappt, dann versucht er einfach etwas anderes. Ihr Ziel sollte es sein, im Spiel immer noch eine Alternative bereitzuhalten. Schwächen können zu Stärken werden, wenn Sie eine kreative Antwort auf ein hartnäckiges Problem finden. Machen Sie's wie Connors: Er verliert niemals, er hat manchmal einfach nur nicht genug Zeit, das Problem zu lösen.

Jimmy Connors ist »Mr. Intensität«. Er ist einer der größten Kämpfer, die es jemals im Tennis gegeben hat.

Was bedeutet Intensität für Sie?

Obwohl jeder weiß, daß alle Spitzenspieler sie besitzen, ist es schwierig, genau zu sagen, was Intensität ist und wie wir sie im Match zu unserem Vorteil einsetzen können. Diese Intensität ist ein Zustand psychischer und physischer Erregung, kurz: ein Zustand besonderer Energieaktivierung. Mit großer Intensität spielen bedeutet, Psyche und Körper so zu mobilisieren, daß man optimal handeln kann.

Es gibt eine Menge von Faktoren, die Ihre Intensität während eines Spiels beeinflussen können. Viele Spieler haben erkannt, daß so wenig verwandte Dinge wie ausreichender Schlaf, Stabilität im Privatleben, das jeweilige Selbstvertrauen und die Anzahl der Turnierspiele, die sie in der unmittelbaren Vergangenheit bestritten haben, eine große Rolle für die Leistung spielen. Weitere Faktoren sind unter anderem die Kondition, die Ernährung, die Vorbereitung auf ein Match und die Bewertung von Sieg beziehungsweise Niederlage.

Es gibt Zustände von Intensität, die leistungssteigernd sind, andere wirken leistungsmindernd. Um mentale Stärke entwickeln zu können, muß man die Unterschiede verstehen. Die verschiedenen Zustände lassen sich in vier Kategorien einteilen: hochgradig positiv, hochgradig negativ, niedrig positiv und niedrig negativ. (Da Intensität eng mit unseren Emotionen verknüpft ist, werden die vier Kategorien wie die Emotionen in positive und negative eingeteilt.)

Die beste Leistung können Sie erbringen, wenn Sie sich in einem Zustand hoher Intensität befinden, der von positiven Emotionen gespeist wird (Kategorie hochgradig positiv): Enthusiasmus, Entschlossenheit und Herausforderung sind die zentralen Gefühle. Die Muskeln sind entspannt, Sie sind ruhig und konzentrieren sich.

Hohe Intensität, die von negativen Emotionen wie Ärger, Frustration oder Angst (hochgradig negativ) herrührt, hat oft eine ganze Reihe von Problemen wie Muskelverspannungen, Hektik und schlechte Konzentration zur Folge.

Zustände niedriger Intensität (positive wie negative) begünstigen sprunghaftes Denken, ungleichmäßige Konzentration, Unschlüssigkeit und damit eine falsche Wahl der Schläge und langsame, lethargische Bewegungsmuster.

Jimmy Connors ist das beste Beispiel für hohe positive und hohe negative Intensität. Connors hat in seiner langen Karriere seine Kraft oft aus negativen Emotionen gespeist. Es gab Zeiten, da hat er geradezu mit seinen negativen Emotionen gespielt, was zu schwankenden Turnierleistungen führte. Aber als Endzwanziger hat er begonnen, seine Leistung eher aus seinen positiven Emotionen zu gewinnen; und das hat ihn zu einem noch stärkeren Tennisspieler gemacht.

Martina Navratilova ist ein zweiter derartiger Fall. Vor Jahren war sie das Opfer ihres eigenen Ärgers und ihrer Selbstkritik aufgrund ihrer »Berg- und-Tal-Bahn-Emotionen«. Seit ihre Leistung eher von positiven Emotionen erzeugt wird (etwa ab Mitte der 80er Jahre), ist es sehr schwierig gewesen, Martinas positive Einstellung auch nur kurzfristig zu unterbrechen. Connors' und Navratilovas Leistungen auf dem Tennisplatz sind der beste Beweis dafür, daß positives Denken eigentlich nur gute Resultate bringen kann.

Finden Sie Ihr Maß für Intensität

Wie messen Sie Ihren persönlichen Intensitätsgrad? Lassen Sie sich von Ihrem Herzen leiten. Unser Puls ist wirklich das Tor zu unserer inneren Verfassung und unseren Emotionen. Da der Puls ein Barometer für die Intensität darstellt, scheint mir die Antwort auf die Frage, wie die Pulsfrequenz die Leistung im Wettkampf beeinflussen kann, äußerst wichtig. Forschungsergebnisse sprechen dafür, daß es im Aktivierungszirkel einen Bereich gibt, der ideal für optimale Leistungen ist und über die Pulsfrequenz gemessen werden kann. Das variiert natürlich für jedes Individuum und je nach Sportart. Wenn die Pulsfrequenz unter oder über diesem Bereich liegt, beeinträchtigt das die Leistung.
Die meisten Untersuchungen, die Pulsfrequenz und Leistung in Beziehung setzen, wurden in Sportarten vorgenommen, die relativ wenig Bewegung erfordern, wie Pistolenschießen und Bogenschießen. Ich habe mit Tennisspielern unterschiedlicher Spielstärke gearbeitet und Pulsfrequenzdaten gesammelt, und dabei bin ich zu folgenden vorläufigen Ergebnissen gelangt:

- Es scheint, daß auch Tennisspieler einen idealen Zustand von Intensität erreichen können, der sich über die Pulsfrequenz messen läßt. Der Idealzustand ist individuell verschieden und ändert sich je nach Alter und Konditionszustand.
- Die Leistungen der meisten Spieler verschlechtern sich, wenn ihre Pulsfrequenz zu Beginn eines Ballwechsels zu hoch ist (oberhalb von ungefähr 75 Prozent ihrer maximalen Pulsfrequenz) oder zu niedrig (niedriger als 55 Prozent ihrer maximalen Pulsfrequenz). Sie können Ihre maximale Pulsfrequenz grob errechnen, wenn Sie einfach Ihr Alter von 220 abziehen.
- Nervosität erhöht die Pulsfrequenz drastisch (manchmal auf bis über 200 Schläge pro Minute). Ärger oder Wut treibt die Pulsfrequenz ebenfalls in die Höhe, wenn man nicht schon ohnehin nervös ist oder unter Streßeinfluß steht; in diesen Fällen sinkt die Pulsfrequenz.

○ Die ideale Pulsfrequenz beim Aufschlag scheint niedriger zu liegen als die für den Return.

○ Die Pulsfrequenz sinkt oft, wenn man einen Satz oder einen wichtigen Breakball gewonnen hat. Aus einem derartigen Absinken der Intensität resultiert oft ein Leistungsabfall.

Die Intensität aufrechterhalten

Im folgenden finden Sie ein paar Tips dazu, wie Sie Ihre Intensität beim Tennis aufrechterhalten können:

▷ *Versuchen Sie, starke positive Emotionen in sich zu erzeugen, indem Sie sich etwas mit Herausforderungscharakter vorstellen, z. B.: »Am liebsten spiele ich die Big Points.«*

▷ *Aktivieren Sie sich, indem Sie vor dem Return ein bißchen auf der Stelle hüpfen. Machen Sie ganz bewußt den ersten Schritt zum Ball noch etwas schneller. Verlängern Sie einen Ballwechsel, indem Sie den Ball im Spiel halten. Das bewirkt, daß Ihre Pulsfrequenz steigt. – In all diesen Aktionen benutzen Sie den körperlichen Einsatz, um Ihre Intensität im psychischen Bereich zu steigern.*

▷ *Erhöhen Sie Ihre Atemfrequenz. Atmen Sie heftig aus, etwa so, als wollten Sie eine Kerze ausblasen. Atmen Sie in jedem Fall beim Ballkontakt völlig aus, da dies die Intensität erhöht. Stöhnen hat nicht notwendigerweise den gleichen Effekt. Das Volumen an ausgeatmeter Luft beim Ballkontakt zählt; lautes Stöhnen kann dagegen zu übermäßiger Muskelanspannung führen.*

▷ *Lassen Sie Ihre Augen nicht umherwandern, und arbeiten Sie daran, daß Ihre Gedanken zwischen den einzelnen Punkten zum Positiven tendieren. Auch das, was Sie während der Zeit eines Spiels tun und denken, in der Sie keinen Ball schlagen – das sind immerhin 70 bis 80% der totalen Spielzeit –, hat außerordentlich großen Einfluß auf Ihren Intensitätszustand.*

▷ *Entwickeln Sie die Fähigkeit, mutig auf Widrigkeiten zu reagieren, indem Sie in kritischen Situationen noch stärker positive Intensität ins Spiel bringen. Häufig setzt sich eher eine negative Tendenz durch, und der Einsatz läßt nach.*

Sie können auch im Training Ihren Einsatz erhöhen:

▷ *Achten Sie auf eine positive Einstellung sowohl bei Drills als auch in Übungsspielen. Wenn Sie lernen wollen, Ihre Intensität zu kontrollieren, müssen Sie im Training Einsatz zeigen.*

Ivan Lendl vermittelt den Eindruck von Intensität und großem Selbstvertrauen.
Seine Botschaft: Treten Sie nach außen so auf, wie Sie sich innerlich fühlen möchten.

- *Trainieren Sie die Fähigkeit, Ihren emotionalen Computer nach jedem Fehler wieder schnell frei zu machen. Das trägt wesentlich dazu bei, Ihren Intensitätsfluß zu stabilisieren und im positiven Bereich zu halten.*
- *Setzen Sie sich für Ihren persönlichen Intensitätsgrad im Training und im Wettkampf Ziele. Beurteilen Sie im nachhinein jedesmal, ob und wie gut Sie es geschafft haben.*
- *Benutzen Sie auch Videoaufnahmen, um Ihre Intensität zu überprüfen. Achten Sie auf zwei Punkte: auf die Zahl der Situationen, in denen der Einsatz nachgelassen hat, und darauf, wie oft Ihre Einstellung sich vom Positiven zum Negativen verändert hat.*

Wie können Sie auf dem Tennisplatz Ihre Anspannung verringern?

- *Nehmen Sie sich die vollen 30 Sekunden zwischen den Punkten, um so Ihren Puls wieder zu beruhigen.*
- *Entspannen Sie die Arm- und Handmuskeln, indem Sie sie erst anspannen und dann locker lassen.*
- *Atmen Sie mit Hilfe von Bauchatmung wenigstens einmal tief durch, ehe der nächste Punkt beginnt. Atmen Sie durch den Mund langsam, gründlich und gleichmäßig aus.*
- *Konzentrieren Sie sich einfach darauf, Ihr Bestes zu geben, Spaß zu haben und das Spiel zu genießen. Wenn es schwierig wird, sollten Sie versuchen zu lächeln, das vermindert die Anspannung.*

Selbstvertrauen

Selbstvertrauen ist das Gefühl, daß man gut spielen und gewinnen kann, wenn es darauf ankommt. Anders als im Fall von Intensität, die von positiven und negativen Quellen gespeist werden kann, ist wahres Selbstvertrauen immer ein starkes, positives und wirksames Gefühl.

Läßt sich Selbstvertrauen in irgendeiner Weise mit biochemischen Veränderungen im Körper verknüpfen? Dies scheint weit hergeholt, aber denken Sie ruhig daran, daß Selbstvertrauen nichts anderes ist als ein besonderer Gemütszustand. Es wurde bereits dargelegt, daß einige Gefühle wie Nervosität, Ärger und Angst ihre eigene physiologische und biochemische Basis haben. In vielfacher Hinsicht stellen die einzelnen Gefühlszustände Spiegel unserer Physiologie dar; mit dem Selbstvertrauen könnte das genauso sein.

Die Aufmerksamkeit und der Verstand folgen im allgemeinen dem Blick. Andre Agassis Kontrolle seiner Augen verstärkt seine mentale Kontrolle.

In einer Untersuchung einer Forschungsgruppe der Universität von Nebraska ist ein möglicher Zusammenhang zwischen dem natürlich vorkommenden Hormon Testosteron – das bisher immer mit aggressivem, zuversichtlichem Verhalten in Verbindung gebracht worden ist – und Selbstvertrauen festgestellt worden. Die Untersuchung wurde an der College-Herren-Tennismannschaft vorgenommen. Die Forscher hofften insbesondere, eine Verbindung zwischen Testosteronspiegel und Sieg bzw. Niederlage herzustellen. Von besonderem Interesse erschien die Frage, ob eine Senkung des Testosteronspiegels irgendwie zu Niederlagen beiträgt.
Den Spielern wurde am Tage vor dem Wettkampf eine Speichelprobe zur Laboruntersuchung abgenommen. Das wiederholte sich 15 Minuten vor dem Match, 15 Minuten danach und 24 Stunden danach. Die Spieler haben auch vor und nach dem Wettkampf Fragebogen ausgefüllt, in denen sie ihr jeweiliges Selbstvertrauen, ihre jeweilige Hoffnung auf Erfolg und die Einschätzung der eigenen Leistung festhielten.
Die Forscher fanden heraus, daß der Testosteronspiegel in Erwartung eines Wettkampfes anstieg. Bei den Spielern, die meinten, ihre Aussichten auf einen Sieg seien sehr gering, war allerdings nur ein leichter Anstieg festzustellen. Spieler, die an ihrer Fähigkeit, eine gute Leistung zu erbringen, zweifelten, hatten einen niedrigeren Testosteronspiegel, und das führte zu einem Handicap im Wettbewerb. Interessant war auch das Ergebnis, daß siegreiche Spieler mehr Testosteron produzierten, aber nur, wenn sie glaubten, zumindest genauso wie sonst oder besser als normal gespielt zu haben. Die Umkehrung traf auch zu: Der Testosteronspiegel von Verlierern senkte sich, es sei denn, sie glaubten, daß sie besser als normal gespielt hätten. In solchen Fällen stieg der Testosteronspiegel trotz der Niederlage.
Des weiteren wurde festgestellt, daß Spieler nach einem vorangegangenen Sieg einen höheren Testosteronspiegel aufwiesen als solche, die zuvor verloren hatten. Die Änderung des Testosteronspiegels hielt bis zu vier Tage nach einem Sieg oder einer Niederlage an.
Sicherlich muß die Nebraska-Untersuchung wiederholt und mit einer größeren Anzahl von Probanden verifiziert werden, ehe die wirkliche Bedeutung der Ergebnisse bestimmt werden kann. Ungeachtet dessen hat es den Anschein, als ob sich bei einer Verbesserung der Untersuchungsmethoden zusätzliche Beweise finden lassen, die diese Theorie unterstützen. Eines Tages wird die Wissenschaft bestätigen, was Tennisspieler schon seit langer Zeit wissen, nämlich daß Selbstvertrauen weitreichende Veränderungen im Körper hervorrufen kann.

Kontrollieren Sie Ihr Selbstvertrauen

Tennisspieler müssen einsehen, daß es für eine optimale Leistung äußerst wichtig ist, ihr Selbstvertrauen zu kontrollieren. Aufgrund der Nebraska-Untersuchung kann man annehmen, daß Kontrolle von Selbstvertrauen auch bedeutet, die für den Erfolg wichtigen psychischen Faktoren kontrollieren zu können.
Aber wie kann man so schwer zu fassende Gefühle lenken und beherrschen? Wie läßt sich Hoffnung auf Erfolg kontrollieren? Im folgenden hierzu einige entscheidende Schritte:

▷ *Setzen Sie das rechte Anspruchsniveau. Selbstvertrauen ist direkt mit Erfolgserlebnissen gekoppelt. Je stetiger Ihre Erfolgsbilanz, um so stabiler Ihr Selbstvertrauen. Wenn Sie sich im Training und im Wettkampf Ziele setzen, die Sie tatsächlich erreichen können, haben Sie den Schlüssel zum Erfolg in der Hand. Derartige Ziele bestimmen in der Tat Ihren Erfolg oder Mißerfolg.*
Setzen Sie sich hingegen unrealistische Ziele oder begründen Sie Ihr Selbstvertrauen auf Faktoren, die außerhalb Ihres Einflusses liegen, dann verlieren Sie die Kontrolle über Ihr Selbstvertrauen. Sein Selbstvertrauen auf Faktoren jenseits der eigenen Kontrolle aufbauen zu wollen heißt russisches Roulette im psychischen Bereich spielen.

▷ *Setzen Sie sich eher Ziele, die sich an Ihrer eigenen Leistung orientieren, als solche, die am Ergebnis orientiert sind. Ziele, die die eigene Leistung betreffen, kann man kontrollieren, ergebnisorientierte nicht. Typische ergebnisorientierte Ziele sind: das Match gewinnen, ins Viertelfinale kommen, niemals hoch verlieren. Typische leistungsorientierte Ziele sind: sich hundertprozentig einsetzen, eine großartige Einstellung haben, stark und zuversichtlich in schwierigen Situationen erscheinen, auf kurze Bälle angreifen, möglichst cross bei Grundlinienduellen und longline bei Angriffsbällen spielen.*

▷ *Setzen Sie sich eher realistische als unrealistische Ziele. Verwechseln Sie nicht, was Sie sind, mit dem, was Sie sein möchten. Daß Sie einmal ein Turnier gewonnen oder einen wichtigen Spieler besiegt haben, bedeutet nicht, daß das jetzt Ihr Markstein zum Erfolg ist. Unrealistische Ziele zerrütten auf lange Sicht das Selbstvertrauen.*

Michael Chang imponiert durch sein für jedermann sichtbares Selbstvertrauen, durch Kampfbereitschaft und größten Einsatz. Vor allem beeindruckt er dadurch, daß er keinen Ball aufgibt.

- *Setzen Sie sich eher konkrete als allgemeine Ziele. Sein Bestes geben zu wollen ist ein Beispiel für ein sehr allgemeines Ziel. Das Problem dabei ist seine Unbestimmtheit. Je spezifischer und je quantifizierbarer Ihre Leistungen sind, um so besser. Hier einige Beispiele: Versuchen Sie, im Training jeden Ball zu erreichen, ehe er zweimal aufspringt; versuchen Sie, 70 Prozent der ersten Aufschläge in einem Match ins Aufschlagfeld zu schlagen; versuchen Sie, mindestens 16 bis 18 Sekunden zwischen den einzelnen Punkten zu warten; schlagen Sie mindestens viermal cross, ehe Sie bei Grundlinienduellen longline spielen; führen Sie mindestens 20 Minuten lang beim Training ausschließlich positive Selbstgespräche.*
- *Kurzfristige Ziele sollten für Sie wichtiger sein als langfristige Ziele. Obwohl langfristige Ziele sehr wichtig sind, sind es die kurzfristigen Ziele, die Ihnen Gelegenheit zu Erfolgen geben und Sie voranbringen. Kurzfristige Ziele konzentrieren Ihre Anstrengungen und geben Ihrem Einsatz eine unmittelbare Richtung.*
- *Sehen Sie den Erfolg in Ihren Niederlagen. Wenn Verlieren mit Versagen gleichgesetzt wird, kann der Kampf um das Selbstvertrauen nicht gewonnen werden. Ihr Motto sollte immer lauten: »Sieg oder Niederlage; in jedem Fall einen Schritt voran.« Sie können Erfolg in einer Niederlage erfahren, wenn Sie sich vor dem Match klare Leistungsziele setzen. Sie haben die Möglichkeit, aus einer Niederlage viel mehr als aus einem Sieg zu lernen. Wenn Sie sich angemessene Ziele setzen, kann Ihr Selbstvertrauen wachsen, unabhängig davon, wie das Match ausgeht.*

Klein sein, aber großartig spielen

Selbstvertrauen ist zuallererst eine Frage der inneren Einstellung. Wenn man voller Selbstvertrauen ist, stellt man sich einem Problem ohne Wenn und Aber und überlegt, wie man aus einer potentiell negativen Situation eine positive macht. Sein Selbstvertrauen zu bewahren, auch wenn man körperlich benachteiligt ist, z. B. bei zu geringer Körpergröße oder zu wenig Kraft, ist ein Dilemma, das wir von Sportarten wie Basketball oder Ringen kennen. Aber das kann auch auf Tennis zutreffen.
So hat beispielsweise der 15jährige John, weil er sich für zu klein hält, einen Kleine-Leute-Komplex. Er denkt einfach, er sei zu klein, um

gewinnen zu können. Es scheint ihm, als seien seine Gegner jedesmal stärker und größer und als hätten sie auch eine größere Reichweite, als schlügen sie den Ball härter und hätten einen besseren Aufschlag. Mit seiner Größe von 1,50 Meter und einem Gewicht von 104 Pfund sieht John wie zwölf oder höchstens dreizehn aus. »Ich bin immer zu klein für meine Altersklasse gewesen«, sagt er. »Mein Geburtstag liegt auch ungünstig, und das macht alles noch schlimmer. Da ich am 27. November geboren bin, verliere ich, abgesehen davon, daß ich ohnehin klein bin, noch zusätzlich elf Monate im Vergleich zu Spielern, die im Januar geboren sind.«

Während er spricht, steigert sich seine Frustration: »Es ist einfach nicht fair. Ich kann nichts tun, um schneller zu wachsen. Wenn ich die richtige Größe hätte, würde ich die besten Spieler in meiner Altersklasse schlagen, weil ich einfach besser bin. So aber sind sie zu stark für mich. Jeder greift auf meinen Aufschlag an, weil ich ihn nicht scharf genug schlagen kann. Wenn ich ans Netz gehe, lobben sie mich zu Tode. Wenn ich von der Grundlinie aus schlage, schießen sie mich einfach ab ...«

Johns Vater und sein Trainer meinen, daß seine Einstellung sonst grundsätzlich positiv sei. Er gibt nie auf, auch nicht in Situationen, in denen er gegen stärkere Gegner am Verlieren ist. Er achtet bewußt auf die richtige Ernährung, und seit zwei Jahren führt er ein angemessenes Krafttraining durch, um seine körperlichen Defizite auszugleichen. »All das hat kaum etwas gebracht«, lamentiert John. »Mein Vater ist nur 1,58 Meter groß, meine Mutter gerade einmal 1,50 Meter. Ich habe nicht nur ein ungünstiges Geburtsdatum, sondern auch noch schlechte Gene.«

John ist mit seinen Gefühlen nicht allein. Hunderte von Jugendlichen stehen in ihrer Altersklasse anderen Jugendlichen gegenüber, die erheblich größer und stärker sind als sie. Das kann genetisch, hormonal, entwicklungs- oder sogar ernährungsbedingt sein: Es bleibt die Tatsache, daß sie klein sind.

Ist ein Minderwertigkeitskomplex, wie John ihn hat, unvermeidbar, wenn in Turnieren Groß auf Klein trifft? Muß es immer einem Fluch gleichkommen, wenn man klein oder auch nur Spätentwickler ist? Sehen wir uns einmal den Fall Paul »Killer« Kilderry an.

Paul ist etwas Besonderes. Schaut man ihm beim Spielen zu, kommen einem Worte wie »Killer-Vorhand« in den Sinn. Das ist eigentlich keine Eigenschaft, die man normalerweise mit einem 1,60 Meter großen 15jährigen Jungen in Verbindung bringt, der 106 Pfund wiegt und aussieht, als sei er kaum älter als dreizehn. »Wer ist der Kleine dort?« fragt ein Spieler, während er eine Limo trinkt und zusieht, wie Paul aus dem ersten Aufschlag seines ihn an Größe weit überragenden Gegners mit der Rückhand einen tödlichen Return macht. In diesem Turnier für Erwachsene in Treasure Island, Florida, verliert Paul erst im Semifinale.

»Ich spiele gern College- und Erwachsenen-Turniere«, sagt Paul. »Die Spieler halten es meist für einen Witz, wenn ich auf den Platz marschiere. Ich höre oft herablassende Bemerkungen wie: ›Kannst du überhaupt übers Netz sehen?‹ Mir gefällt das. Ich habe nämlich gemerkt, daß es für mich um so besser ist, je größer und je mehr Angeber mein Gegner ist. Mir gefällt die Rolle des Kleinen. Die Leute denken immer, daß man verliert. Die großen Spieler fühlen sich ziemlich unwohl, wenn sie gegen mich spielen müssen. Ich habe im letzten Jahr alle drei Turniere des Florida Satellite gespielt, und ich habe die folgenden Kommentare tatsächlich zu hören bekommen: ›Das ist ein Witz‹, ›Ich kann gegen diesen kleinen Wurm doch nicht verlieren‹, ›Wenn ich gegen diesen Zwerg verliere, bring ich mich um.‹ In einem dieser Matches starrte mich mein Gegner einige Sekunden lang an, als ich einen guten Ball geschlagen hatte, dann näherte er sich dem Netz, zeigte mit dem Finger auf mich und sagte: ›Ich schlag dir den Schädel ein, wenn du noch einmal so einen Glücksball schlägst.‹«

Seine Größe ist Paul nie zum Hindernis geworden. 1987 war er die Nummer 1 der Vierzehnjährigen in Australien. 1988 schlug er Vincent Spadea, die Nummer 1 der Vierzehnjährigen in den USA, in der dritten Runde des Orange Bowl Turniers.

Bis März 1988 konnte Paul nicht mit einem normalen Schläger spielen. Er mußte immer drei Zentimeter vom Griff abschneiden, weil er für ihn zu lang und zu schwer war. Und wenn er vielen selbst 1989 noch klein vorkam, dann sollte man sich klarmachen, daß er in den vorangegangenen sechs Monaten einen gewaltigen Schuß in die Höhe getan hat, nämlich ungefähr 2,5 Zentimeter pro Monat. Was hält Paul Kilderry von seiner neuen Größe? »In so kurzer Zeit es von 1,45 Meter auf 1,60 Meter zu bringen ist großartig«, sagt er. »Ich hoffe nur, daß ich meine mentale Stärke gegenüber den Großen nicht verliere.« Paul denkt, daß die Vorteile der Kleinen ihre Nachteile bei weitem überwiegen.

»Es ist mir gelungen, die meisten der augenscheinlichen Nachteile in Vorteile zu verwandeln. Ich habe keinen starken Aufschlag; folglich hängt bei mir der Sieg nicht von meinem Aufschlag ab. Die Großen scheinen immer dann gut zu spielen, wenn sie gut aufschlagen, und immer dann schwach zu spielen, wenn sie schlecht aufschlagen. Ich habe viel an meinem Return gearbeitet, weil ich weiß, daß meine Gegner immer schneller entmutigt werden, wenn ich ein paar ihrer großartigen Aufschläge zurückbringen kann.

Ein weiterer Nachteil ist mein Mangel an Kraft. Ich kann kein Power-Tennis spielen. Aber das ist nur gut gewesen, weil ich so gelernt habe, die Punkte herauszuspielen. Früher habe ich mich oft in Schwierigkeiten gebracht, weil ich meinen Gegnern beweisen wollte, daß ich die Bälle genauso hart wie sie schlagen kann. Wir haben uns dann gegenseitig die

Arantxa Sanchez Vicario ist der lebende Beweis dafür, daß eine kleine Spielerin zu den ganz Großen gehören kann.

Bälle zugedroschen. Obwohl es eindrucksvoll aussah, wenn so ein kleiner Typ wie ich die Bälle so hart schlug, habe ich diese Ballwechsel meist verloren. Da ich meine Gegner nicht einfach vom Platz schießen konnte, habe ich bessere offensive und defensive Taktiken entwickeln müssen.«

Aber lassen Sie sich von Kilderrys Bescheidenheit nicht an der Nase herumführen. Er widerlegt einfach die Annahme, daß kleine Spieler den Ball nur schieben müssen, um zu gewinnen. Ganz im Gegenteil! Er ist ein aggressiver Aufschlag-Volley-Spieler mit einer stattlichen Anzahl von offensiven Waffen.

»Kleine Spieler müssen nicht Löffler sein«, argumentiert Paul, »aber sie müssen mit Kopf spielen. Ich habe gelernt, daß ich mit der Geschwindigkeit der Bälle meines Gegners spielen muß anstatt mit meiner eigenen Kraft. Daß ich klein bin, hat mir dazu verholfen, Taktiken und Strategien besser zu verstehen. Wenn ich eines Tages eine bestimmte Größe habe, werde ich ein ziemlich gewitzter Allroundspieler sein ...

Weil ich so klein bin, muß ich auch viel mehr laufen als meine Gegner, um den Platz abzudecken. Dadurch werde ich gezwungen, mich konditionell in Bestform zu bringen und damit fitter zu sein als die großen Spieler. Die meisten großen Spieler sind langsamer als kleine Spieler, so habe ich Geschwindigkeit und Beweglichkeit auf meiner Seite«, betont er. »Ich habe auch eine bessere Balance und kann schneller die Richtung wechseln, weil ich dichter am Boden bin und nicht so viel Gewicht umhertrage.«

Kilderry betont, daß die eigentlichen Vorteile der geringen Körpergröße nicht im physischen, sondern im mentalen Bereich liegen. »Weil ich so klein war, hat nie jemand erwartet, daß ich gewinne, lediglich, daß ich mich anstrenge«, sagt er. »Wenn ich gegen einen Größeren verloren hatte, habe ich mich nie schlecht gefühlt; aber wenn meine Gegner gegen mich verloren haben, haben sie sich immer schlecht gefühlt. Wenn man klein ist, lastet weniger Druck auf einem.

Ich glaube, die Kleinen verkrampfen nicht so leicht wie die Großen. Ich hatte nie das Gefühl, in einem Match siegen zu müssen, weil ich immer im Hinblick auf eine Zukunft gearbeitet habe, in der ich größer sein werde. Ich denke, für kleine Spieler ist es leichter, sich einfach nur um ihre Schläge zu kümmern und sich keine Sorgen um Sieg oder Niederlage zu machen.«

In der Tat kann es ein Segen sein, wenn man zu Anfang seiner Tenniskarriere klein ist, und es muß kein unüberwindbarer Nachteil sein, klein zu bleiben. Machen Sie sich eine Liste mit all den Vorteilen, die es bringt, klein zu sein. Beginnen Sie anders über Ihre Körpergröße zu denken. Sehen Sie das Ganze nicht als Problem, sondern nutzen Sie die Situation, um sich zu einem vollkommenen Tennisspieler zu entwickeln. Gibt es denn wirkliche Nachteile? Paul nannte nur drei: Er konnte niemals gute Tennisschuhe finden, die paßten; sein Schläger berührte fast immer nach dem Aufschlag den Boden, und er konnte nicht hoch genug greifen, um dem Schiedsrichter die Hand zu geben, wenn er ein Spiel gewonnen hatte.

Selbstvertrauen als kleiner Spieler

▷ *Halten Sie Ihre geringe Körpergröße für einen Vorteil, nicht für einen Nachteil. Wer klein ist, wird gezwungen, mehr an sich zu arbeiten und alle Bereiche des Spiels zu entwickeln.*

▷ *Klein bedeutet nicht notwendigerweise schwach. Entwickeln Sie ein Programm für Ihr Krafttraining.*

▷ *Trainieren Sie Ihre aerobe Ausdauer gründlich. Der dritte Satz sollte Ihnen gehören. Bereiten Sie sich darauf vor, den ganzen Tag lang den Bällen hinterherjagen zu können.*

▷ *Arbeiten Sie intensiv an Ihrer mentalen Stärke. Kleine Spieler müssen große Kämpfer sein. Kein Gejammer, keine Beschwerden, keine Entschuldigungen.*

▷ *Entwickeln Sie einen selbstsicheren Gesamteindruck. Nichts ist schlimmer als ein kleiner Spieler, der sich selbst versteckt.*

▷ *Machen Sie sich klar, daß für das Selbstvertrauen die Körpergröße kein dominierender Faktor ist. Wenn man es richtig betrachtet, kann gerade eine geringe Körpergröße mithelfen, starkes Selbstvertrauen zu entwickeln.*

Zehn Gründe, weshalb klein sein großartig ist

1. *Es zwingt Sie dazu, sowohl defensive wie offensive Strategien zu entwickeln.*
2. *Es hält Sie dazu an, eine bessere Kondition zu haben und damit fitter zu sein, weil Sie mehr laufen müssen.*
3. *Es hilft Ihnen zu lernen, aus der Kraft Ihres Gegners die Geschwindigkeit für Ihre Schläge zu nehmen.*
4. *Es kann Ihnen einen psychologischen Vorteil über einen zu selbstsicheren Gegner geben.*
5. *Es verhindert, daß Ihre Siege nur von Ihren Aufschlägen abhängen.*
6. *Es ermutigt Sie, daran zu arbeiten, einen guten Return zu entwickeln.*
7. *Es bedeutet grundsätzlich, daß Sie leichter, beweglicher und schneller sind.*

8. Ihr tiefer Schwerpunkt und das langsame Wachstum führen oft zu besserer Balance und Koordination.
9. Sie verkrampfen weniger oft, da Sie weniger Druck spüren, siegen zu müssen.
10. Es trägt dazu bei, daß Sie sich eher auf Ihre Entwicklung konzentrieren als auf Sieg oder Niederlage.

Die Kontrolle der Emotionen

Kennen Sie Ihre eigenen Emotionen und können Sie sie kontrollieren, dann besitzen Sie ein wertvolles Instrument, um mentale Stärke zu entwickeln. Wenn Sie wissen, daß Ihr Kampfgeist Sie in bestimmten Situationen verlassen könnte, und wenn Sie sich dann Ihre Intensität und Ihr Selbstvertrauen in rechter Weise nutzbar machen können, haben Sie einen deutlichen Vorteil gegenüber einem Spieler, der sich von seinen Emotionen manipulieren läßt. Manche Spieler sind unglaubliche Kämpfer. Irgendwann kommen sie immer, ob sie führen oder hinten liegen, sie sind wie Jagdhunde auf einer heißen Fährte. Schwierige Bedingungen, Pech oder unfaire Entscheidungen können ihrem Kampfgeist selten etwas anhaben. Vielmehr überwinden sie diese Hindernisse konsequent, indem sie diese erstens als Herausforderungen erleben und zweitens sich außerordentlich zielstrebig einsetzen.

Aber es gibt andere Spieler, die nicht kämpfen können und denen jegliche Ausdauer und Beharrlichkeit fehlen. Da ist zum Beispiel Keith, der in der zwölften Klasse ist. Er ist talentiert, intelligent, kommt aus guter Familie mit stabilem Elternhaus und trainiert sehr hart. Er ist motiviert, wettkampforientiert und hat gute Trainer gehabt. Er beherrscht alle Schläge und wirkt im Training überzeugend.

Doch Keith ist kein Kämpfer. Sobald ein Match beginnt, läuft alles nach vorhersagbarem Muster ab. Beim ersten Anzeichen von Schwierigkeiten verblaßt sein Glanz. Sein Kampfgeist schwindet und wird durch ein seltsames Gefühl der Hilflosigkeit ersetzt. Er wird nicht verrückt vor Ärger; er tritt lediglich auf der Stelle und kommt zu nichts. Schaut man genauer hin, wird klar, daß Keith offenbar nicht an sich selbst zu glauben vermag. Er möchte gewinnen, aber irgend etwas in seinem Hinterkopf unterminiert seinen Glauben, daß er die Leistung bringen, im Eifer des Gefechts die rechte Antwort auf eine Herausforderung finden oder ein Comeback starten kann. Warum glaubt er nicht an sich selbst? Warum fühlt er sich so ohne Kraft in ungünstigen Situationen im Wettkampf, während andere gerade dann über sich selbst hinauswachsen?

Der bekannte Psychologe C. S. Dweck meint, Hilflosigkeit stamme von einem falschen Leistungskonzept. Tennisspieler, die sich angesichts von Schwierigkeiten herausgefordert fühlen und beharrlich bleiben, sind auf Aufgabenbewältigung orientiert. Sie haben gelernt, ihre persönliche Kompetenz in Form von Lernzielen zu definieren und nicht in Form von Ergebniszielen. Lernziele werden um Anstrengung und Einsatz aufgebaut. Ergebnisziele sind an Endergebnissen wie Sieg und Niederlage orientiert.

Das kritische Problem ist hier, diese erworbene Hilflosigkeit zu kontrollieren. Sie stammt aus der ständig wachsenden Überzeugung, daß man keine Kontrolle habe, daß sowieso passiere, was passieren müsse. Das Gefühl der Machtlosigkeit wird üblicherweise mangelndem Talent oder mangelnden Fähigkeiten eines Spielers zugeschrieben. In Keiths Fall waren die Gefühle von Inkompetenz und persönlichem Versagen das Resultat seiner (falschen) Selbstwahrnehmung als wenig talentiert.

Wenn man sein Versagen im Wettkampf seinen mangelnden Fähigkeiten zuschreibt, dann führt das zu dieser Art von Hilflosigkeit. »Wenn mein Talent die Ursache des Problems ist, dann kann ich nichts dazu tun«, denkt der Spieler.

Das Gefühl, selbst die Kontrolle zu haben, ist der Schlüssel zu Kampfgeist und zu der für Spitzenspieler charakteristischen Ausdauer und Beharrlichkeit. Dieses Gefühl scheint direkt an unsere jeweilige Zielsetzung gekoppelt zu sein.

Wenn Spieler wiederholt Situationen ausgesetzt sind, die sie im Hinblick auf den Ausgang als unkontrollierbar wahrnehmen, werden sie allmählich zwei Dinge fühlen: Erstens glauben sie, daß das, was letztlich in einem Match passiert, außerhalb ihrer Kontrolle liegt – es waren der Wind, Pech, unfaire Entscheidungen, die schlechte Beleuchtung, schlechte Platzverhältnisse usw. Zweitens haben sie das Gefühl, daß sie nicht in der Lage sind, sich erfolgreich auf die Verhältnisse einzustellen. Das ist der Kern der erworbenen Hilflosigkeit. Gute Gegenmaßnahmen sowohl bei der Prävention als auch bei der Korrektur dieser emotionalen Fehlreaktion sind Erfolgserlebnisse.

Erfolg kann auf vielfache Weise definiert werden; aber die Leistungsziele, die wir uns setzen, bestimmen zu einem großen Teil unser Wertverhältnis von Erfolg und Mißerfolg. Spieler, die sich erfolgsorientierte Lernziele setzen, nehmen mit großer Wahrscheinlichkeit eher Erfolg wahr, haben stärker das Gefühl persönlicher Kontrolle und empfinden weniger Hilflosigkeit als Spieler, die sich Ergebnisziele setzen. Leistungsziele enthalten Einsatz, Lernen, Kompetenz und Verbesserung. Ergebnisziele befassen sich mit Endergebnissen und endgültigen Resultaten.

Beispiele für Lern- oder Leistungsziele sind: Zu lernen, sich hundertprozentig einzusetzen, den zweiten Aufschlag mit mehr Spin zu schlagen,

positiver und aggressiver während des Spiels zu sein oder bei kurzen Bällen häufiger ans Netz zu gehen. *Beispiele für ergebnisorientierte Ziele* sind: Ein ganz bestimmtes Spiel, Match oder Turnier gewinnen zu wollen, lokal oder national einen bestimmten Ranglistenplatz erreichen oder einen ganz bestimmten Spieler schlagen zu wollen.
Setzt man sich erfolgsorientierte Ziele, dann kann man Erfolg auch in Niederlagen erfahren. Das schützt vor dem Gefühl der Hilflosigkeit. Man kann Sieg oder Niederlage nicht direkt kontrollieren, aber man kann immer den eigenen Einsatz, die Einstellung, die Kampfbereitschaft und die Bereitschaft, etwas lernen zu wollen, kontrollieren. Gelingt es, sich derartige Leistungsziele zu setzen, dann kommt einem jedes Match wichtig vor, das man spielt.
Aus der Beantwortung der folgenden Fragen können Sie entnehmen, ob erworbene Hilflosigkeit eines Ihrer Probleme ist:

- ○ Nehmen Sie an, es läuft in einem Match nicht gut für Sie. Halten Sie dann eher sich selbst für die Ursache oder Ihren Gegner?
- ○ Werden Sie aller Wahrscheinlichkeit nach in zukünftigen Matches die gleiche Schwierigkeit mit eben diesem Gegner haben?
- ○ Werden Sie aller Wahrscheinlichkeit nach in zukünftigen Matches die gleiche Schwierigkeit mit anderen Gegnern haben?
- ○ Haben Sie den Eindruck, daß Ihre Probleme im Wettkampf mit mangelnder Fähigkeit zu tun haben?
- ○ Kämpfen Sie weniger oder setzen Sie sich weniger ein, wenn es im Match schlecht läuft?
- ○ Haben Sie, wenn es schlecht läuft, das Gefühl, daß alles, was Sie machen, nichts bringt?
- ○ Sind die meisten Ihrer Ziele während eines Matches ergebnisorientiert und deswegen nicht unter Ihrer direkten Kontrolle?
- ○ Haben Sie oft das Gefühl von Hilflosigkeit, wenn es in einem Match schlecht läuft?

Je mehr Fragen Sie mit Ja beantwortet haben, um so größer ist die Wahrscheinlichkeit, daß Sie ein Opfer erworbener Hilflosigkeit sind. Vergessen Sie nicht, daß Ihre Spielstärke dabei keine Rolle spielt. Der technisch versierteste Spieler kann mit diesem Problem genauso kämpfen wie ein Anfänger.

Die Emotionen in den Griff bekommen

- ▷ *Versuchen Sie abzuschätzen, in welchem Ausmaß erworbene Hilflosigkeit für Sie im Wettkampf ein Problem ist.*
- ▷ *Erkennen Sie, daß Hilflosigkeit unter diesen Umständen eng mit falschen Leistungsvorstellungen zusammenhängt, die Ihre Fähigkeit, Erfolg wahrzunehmen, einschränken.*

- ▷ *Fangen Sie damit an, sich Lernziele sowohl für das Training als auch für den Wettkampf zu setzen. Die Betonung sollte auf Lernen und Verbesserung liegen, und nicht auf dem Ergebnis.*
- ▷ *Geben Sie dabei Einsatz, Einstellung und Strategie höchste Priorität. Das Ziel, sich zu verbessern und zu lernen, sollte eine größere Bedeutung haben als der Sieg.*
- ▷ *Jedesmal, wenn Sie glauben, Ihnen fehle es an Fähigkeit oder die Situation läge jenseits Ihrer Kontrolle, sollten Sie »Halt« sagen. Verpflichten Sie sich selber zu einer positiven Einstellung und zu vollem Einsatz, und messen Sie daran Ihren Erfolg.*
- ▷ *Setzen Sie sich täglich Lernziele und führen Sie Buch über die Ergebnisse. Das garantiert regelmäßige Erfolgserlebnisse, das einzige wirksame Gegenmittel gegen erworbene Hilflosigkeit.*

Das Phänomen des Durchhängers

Während Hilflosigkeit immer dann auftritt, wenn der Spieler einer großen Herausforderung gegenübersteht, kann das »Durchhänger-Syndrom« fast zu jeder Zeit im Match einsetzen, sogar dann, wenn ein Spieler anscheinend leicht gewinnt.
Fragen Sie die Spieler, weshalb sie ein knappes Match verloren haben, werden Sie von den meisten wahrscheinlich etwas über »Durchhängen« oder »Nachlassen« als Teil der Erklärung zu hören bekommen. Profis beziehen sich darauf genauso oft wie Clubspieler. Ihre Kommentare lauten etwa »Ich hatte den Sieg in Händen, ließ nach, und dann hat sich alles geändert«, oder »Endlich hatte ich ein Break im dritten Satz gemacht, dann habe ich bei meinem Aufschlag nachgelassen und bekam sofort selbst ein Break«, oder »Ich habe die Nummer 2 der Setzliste in der ersten Runde aus dem Rennen geworfen, dann hatte ich einen Durchhänger und habe in der nächsten Runde gegen einen, der kaum den Schläger halten konnte, verloren«.
Ein interessantes Beispiel für dieses Phänomen ist ein Match zwischen Peter Fleming und David Wheaton, in den achtziger Jahren einer der talentiertesten Junioren der USA. Wheaton, die Nummer 2 der amerikanischen Jugendrangliste, spielte in der zweiten Qualifikationsrunde gegen Fleming, um 1987 ins Hauptfeld in Chicago zu gelangen. Wheaton hatte den ersten Satz 6:4 gewonnen und, so sein eigener Eindruck, gut

Selbst Weltklassespieler wie Stefan Edberg müssen gegen das Gefühl der Hilflosigkeit ankämpfen.

gespielt. Seiner Meinung nach ließ er zu Beginn des zweiten Satzes nach und hatte den Satz schnell 0:6 verloren. Zu Beginn des dritten Satzes fing er sich wieder und es stand 3:0 für ihn. Doch plötzlich schlug das »Durchhänger-Syndrom« erneut zu. »Ich habe wieder nachgelassen, die nächsten vier Spiele verloren und damit den Satz mit 5:7«, räumte er hinterher ein.

Eine nahezu identische Situation trat einen Monat später während eines Satellite Masters Turnier in Georgia wieder ein. Wheaton traf in der dritten Runde auf den Satellite-Spieler Craig Campbell und hatte einen hart umkämpften ersten Satz mit 7:5 gewonnen. Ganz ähnlich wie im Match gegen Fleming verlor er seinen ersten Aufschlag im ersten Spiel des zweiten Satzes und schließlich den Satz mit 0:6. »Ich hatte wieder einmal einen riesigen Durchhänger«, lamentierte Wheaton. Im dritten Satz gelang ihm ein frühes Break, aber dann hatte er wieder einen Durchhänger. Campbell schaffte sofort das Rebreak und gewann schließlich Satz und Match mit 6:4.

Kann dieser jeweilige Leistungsabfall wirklich auf die gleiche Ursache zurückgeführt werden? Ist der Durchhänger wirklich an allem schuld?

Ein Durchhänger steht im Zusammenhang mit einem Zustand ungenügender Aktivierung. Es bedeutet, daß der Körper nicht genügend angeregt ist, um eine optimale Leistung zu bringen. Wollte man ihn mit einem Automotor vergleichen, so könnte man sagen, die Drehzahl sei zu niedrig. Im Falle des menschlichen Körpers bedeutet das, daß Pulsfrequenz, Blutdruck, biochemische Prozesse und so weiter insgesamt nicht genug Energie für eine Spitzenleistung produzieren. Das ist das, was vorher als geringe Intensität beschrieben wurde. Wenn die Intensität nachläßt, wird das oft mit einem Durchhänger gleichgesetzt. Wenn ein Spieler sich plötzlich nicht mehr ganz so stark einsetzt, keinen Kampfgeist, dafür aber Motivationsprobleme hat, ist ein Durchhänger das Ergebnis.

Das Gegenteil von einem Durchhänger ist Übererregtheit, Überaktivierung. Dieser Effekt ergibt sich oft, wenn man sich zu sehr bemüht. Der Betreffende wird zu erregt, übernervös, zu ärgerlich; die Drehzahl gerät in den roten Bereich. Der Spieler beginnt, den Punkt mit einem Schlag erzwingen zu wollen, zu hastig zu sein, zu viel zu versuchen.

Ich habe die Erfahrung gemacht, daß Spieler häufig Probleme der Übererregtheit mit denen von Durchhängern verwechseln. Sie denken über das Match nach und nehmen aufgrund des Spielergebnisses an, daß sie bei kritischen Punkten einen Durchhänger gehabt haben müssen. Als Beispiel soll Wheatons Niederlage gegen Fleming dienen, nachdem er eine 3:0-Führung im dritten Satz herausgespielt hatte. Wheatons schlechtes Spiel hing nicht mit einer zu geringen Erregung zusammen, sondern war eher ein Fall von Übererregtheit aufgrund von Nervosität. Es ist uns gelungen, Durchhängerprobleme besser zu identifizieren, nachdem wir die Herzfrequenz mit einer Punkt-für-Punkt-Matchanalyse synchronistisch dargestellt haben. Der optimale Anregungszustand korrespondiert mit einer ganz bestimmten Pulsfrequenz. Spieler, die einen plötzlichen, nicht charakteristischen Abfall in der Pulsfrequenz erfahren, nachdem sie ein knappes Spiel oder einen hartumkämpften Satz gewonnen haben, erleben im allgemeinen einen Durchhänger. Eine uncharakteristische Erhöhung der Pulsfrequenz, die sich nicht auf Anstrengung zurückführen läßt, ist ein Anzeichen von Übererregtheit.

Durchhänger oder nicht?

Situation: Sie gewinnen einen hartumkämpften ersten Satz und verlieren danach den zweiten sehr schnell. Ist das ein typischer Durchhänger?
Antwort: Ja. Wer einen hartumkämpften Satz gewonnen hat, dessen Pulsfrequenz fällt oft entscheidend sofort nach Beendigung des Satzes. Der Spieler ist sehr erleichtert, den Satz gewonnen zu haben, und sein Erregungszustand spiegelt das wider.
Lösung: Wenn Sie den ersten Satz gewonnen haben, sollten Sie alles tun, was Sie können, um so richtig »heiß« auf das erste Spiel des zweiten Satzes zu sein. Stellen Sie sich beispielsweise vor, daß Sie den ersten Satz verloren haben. Bewegen Sie sich, zeigen Sie Energie und versuchen Sie, Ihre Pulsfrequenz währen der ersten beiden Spiele des nächsten Satzes möglichst nicht zu sehr sinken zu lassen.

Situation: Sie sind ungesetzt und schlagen die Nummer 3 der Setzliste in einem Turnier, verlieren aber gegen einen weitaus schwächeren Spieler in der nächsten Runde. Ist das ein typischer Durchhänger?
Antwort: Nein. Die meisten Spieler fühlen mehr Streß und einen höheren Grad an Erregung, wenn sie gegen vermeintlich schwächere Spieler antreten müssen. Übererregtheit aufgrund von Nervosität ist hier das Problem.
Lösung: Machen Sie sich bewußt, daß Sie viel mehr Druck fühlen, weil von Ihnen jetzt erwartet wird, daß Sie gewinnen. Konzentrieren Sie sich darauf, entspannt und ruhig zu bleiben, atmen Sie tief durch und lassen Sie sich viel Zeit zwischen den einzelnen Punkten. Wenn man sich zu sehr antreibt, macht das die Lage meist nur schlimmer.

Situation: Ihnen gelingt endlich das wichtige Break, für das Sie sich abgemüht haben, aber Sie verlieren danach sofort Ihren eigenen Aufschlag. Ist das ein typischer Durchhänger?

Antwort: Ja. Wir beobachten immer wieder, daß die Pulsfrequenz von Spielern, denen eben ein wichtiges Break gelungen ist, deutlich sinkt.
Lösung: Machen Sie das Spiel, das unmittelbar auf das Break folgt, zum wichtigsten im ganzen Match. Aber seien Sie vorsichtig: Die Pulsfrequenz kann sich gelegentlich auch erhöhen, insbesondere wenn das Break gegen Ende des Satzes oder des Matches stattfand. Wenn das geschieht, kann der Druck sich sogar steigern, und die Lösung wäre dann, den Erregungszustand – wie beim vorigen Beispiel -- etwas zu senken.

Situation: Sie verlieren immer wieder Spiele, in denen Sie 30:0 oder 40:0 geführt haben. Ist das ein typischer Durchhänger?
Antwort: Nein. Je näher Sie daran sind, ein Spiel zu gewinnen, um so mehr Druck fühlen Sie.
Lösung: Versuchen Sie, sich zu entspannen, zügeln Sie sich, bleiben Sie ruhig und spielen Sie aggressiv.

Situation: Sie liegen 5:2 im dritten Satz vorn und beginnen darüber nachzudenken, wie toll es sein wird, wenn Sie gewinnen ... und verlieren das Match. Ist das ein typischer Durchhänger?
Antwort: Ja. Die Antizipation des Sieges reduziert im allgemeinen Intensität und Erregung.
Lösung: Spielen Sie Punkt für Punkt und vermeiden Sie es, an die Zukunft zu denken, ganz besonders, wenn Sie dabei sind, zu gewinnen. Erhalten Sie Ihre Intensität aufrecht, indem Sie sich auf den Augenblick konzentrieren.

Situation: Sie führen 5:2 im dritten Satz und beginnen, verhalten zu spielen. Ihre Schläge werden kürzer, und schließlich verlieren Sie das Match. Ist das ein typischer Durchhänger?
Antwort: Nein. Die meisten Leute fühlen mehr Druck und Erregung, wenn sie führen, als wenn sie hinten liegen. Je mehr sie sich in einem Spiel oder einem Match dem Sieg nähern, um so stärker wird die Tendenz, eher vorsichtig als aggressiv zu spielen. Eine zu vorsichtige Spielweise in Kombination mit einer größeren Erregung aufgrund von Nervosität ist die Ursache der Niederlage.
Beachten Sie: Der Unterschied zwischen dieser Situation und der vorigen liegt darin, wie der Spieler den Druck wahrnimmt. In der vorangegangenen Situation hat der Spieler gegen Ende des Satzes keine stärkere Erregung gefühlt. Statt dessen haben die Gedanken an den Sieg seine Erregung vermindert, was zu schwachem Spiel führte.
Lösung: Nehmen Sie sich viel Zeit, spielen Sie nicht hektisch, konzentrieren Sie sich vor jedem Punkt darauf, was Sie machen wollen. Widerstehen Sie der Versuchung, vorsichtig zu spielen, unabhängig davon, wie

David Wheaton hat gelernt, sich zur rechten Zeit zusammenzureißen, um einen Durchhänger zu vermeiden.

nervös Sie sich fühlen. Rechnen Sie damit, daß Ihr Gegner gegen Ende des Satzes gut spielt, weil auf ihm kein Druck lastet, aber verfallen Sie nicht in Panik. Der Verlust von einem oder zwei Spielen ist ganz normal in dieser Situation. Wenn Sie sich nicht entmutigen lassen und Ihren Spielplan einhalten, wird der Druck auf Ihren Gegner wieder steigen, und Sie werden wahrscheinlich den Satz beziehungsweise das Match gewinnen.

Situation: Ihr Partner und Sie verlieren in einem lokalen Clubturnier gegen ein Doppel, das Sie eigentlich schlagen müßten. Sie merken, daß Sie während des Spiels oft scherzen und viel lachen. Einer Ihrer Gegner ist ein enger persönlicher Freund, den Sie sehr gern mögen. Ist das ein typischer Durchhänger?
Antwort: Ja. Wahrscheinlich haben Sie das Match nicht ernst genommen. Sie haben weder Angst noch fühlen Sie sich bedroht, weil Sie gegen einen Freund spielen: Ihr Lachen und Scherzen, so schön es auch ist, wird Ihren Erregungszustand niedrig halten. Sie können Schwierigkeiten haben, die rechte kämpferische Einstellung gegen einen Freund zu finden. Wenn das passiert, ist ein Durchhänger zu erwarten.
Lösung: Nehmen Sie sich viel Zeit und bereiten Sie sich mental gründlich auf das Match vor. Schreiben Sie sich vor dem Match ruhig alle Gründe auf, deretwegen Sie nicht gegen dieses Team verlieren wollen. Stellen Sie sich vor, wie Sie sich im Falle einer Niederlage fühlen würden. Versprechen Sie sich selbst, sich bestmöglich einzusetzen, und sprechen oder scherzen Sie nicht während des Spiels. Heben Sie sich das für die Zeit nach dem Spiel auf. Setzen Sie sich ganz bestimmte Ziele für dieses Match.

Nehmen Sie nicht einfach jedesmal an, daß Sie lediglich einen Durchhänger haben und daß die Antwort »sich mehr anstrengen« heißt. Sie sollten sich statt dessen die Frage stellen: »Wie ändert sich der Grad meiner Leistungsbereitschaft?« Versuchen Sie, die Änderungen im Anregungszustand Ihres Körpers zu »lesen«. Sind Sie zu sehr angeregt oder zu wenig? Die Dinge richtig einschätzen zu können ist ungemein wichtig, wenn Sie Ihre Probleme lösen und Ihr Spiel wieder in die rechte Bahn lenken wollen. David Wheaton hat gelernt, daß es ungeheuer wichtig ist, die vielen verschiedenen Gesichter des Nachlassens zu enträtseln. Denn das kann schließlich den Unterschied zwischen Sieg und Niederlage ausmachen.

Positive Emotionen

Natürlich sollten Sie Ihre Emotionen nicht manipulieren, nur um negative Situationen wie Durchhänger oder erworbene Hilflosigkeit zu vermeiden. Sie sollten einfach Ihre Gefühle kontrollieren, um einen optimalen emotionalen Zustand zu schaffen, der dazu beiträgt, daß Sie Ihr Bestes im Tennis geben können.

Wenn Spitzensportler ihre besten Momente beschreiben – wir wollen es ihren idealen Leistungszustand nennen –, klingt das oft recht merkwürdig. Sie benutzen Worte wie »den totalen Lauf haben«, »Fließen«, »so richtig aufgeladen sein«, »Abheben«, »alles läuft wie von selbst«, »wie in Trance spielen«. Sie sprechen auch davon, daß »die Zeit stillsteht«, daß sie »einen außergewöhnlichen Grad an Bewußtsein, eine tiefe innere Stille, außergewöhnliche Energie und verwirrende Gefühle von zeitlupenartigem Geschehen, von Kraft und Kontrolle erleben«. »Ich empfand eine ungeheure Intensität, war aber gleichzeitig völlig entspannt.« »Ich war innerlich ungewöhnlich ruhig, aber gleichzeitig mit Energie geladen.« »Die Situation war voller Druck, aber ich habe nichts davon gespürt.«

Trotz des widersprüchlichen Charakters dieser Aussagen kristallisieren sich unverkennbare Muster heraus. Es wird deutlich, daß der geistige Zustand, der eine herausragende Leistung begleitet, sich erheblich von jenem unterscheidet, der eine schwache Leistung begleitet.

Schaffen Sie sich Ihren idealen Leistungszustand selbst. Damit tragen Sie ganz wesentlich zu Ihrer optimalen Leistung bei. Dieser besondere Zustand ist nicht das Resultat einer guten spielerischen Leistung; vielmehr ist er genau das, was eine gute spielerische Leistung erst ermöglicht. Wenn Sie sich gut fühlen, dann können Sie eine gute Leistung bringen; und die Fähigkeit, eigene Gefühle zu kontrollieren, läßt sich erlernen. Traumhaft spielen ist eigentlich eine Angelegenheit der emotionalen Ausgeglichenheit. Es ist eine anerkannte Tatsache, daß Änderungen im Gefühlsbereich auch meßbare Änderungen im biochemischen Bereich nach sich ziehen, von denen einige zu einer beträchtlichen Änderung des Bewußtseinszustands beitragen können. So wie sich Ihre Stimmung während eines Matches zu ändern vermag, so ändert sich auch Ihre Biochemie. Nur wenn diese stimmt, wenn sich eine gute und kräftige Mischung ergibt, können Sie Ihre Höchstleistung bringen.

Um einen idealen Leistungszustand zu erreichen, sollten Sie zwei wichtige Punkte beachten. Erstens: Wenn alles »wie von selbst« läuft, befinden Sie sich nicht in irgendeinem fernen Trancezustand. Ganz im Gegenteil, Sie sind eigentlich besonders gut mental eingestellt. Zweitens: Beachten Sie, daß Ihr idealer Leistungszustand kontrollierbar ist. Die besten

Tennisspieler sind ein gutes Beispiel dafür, da sie ständig herausragende Leistungen bringen. Ihre Qualität hängt auch damit zusammen, daß sie die ungewöhnliche Fähigkeit haben, ihr ideales mentales und emotionales Klima zu kontrollieren.
Spieler hingegen, die während des Spiels im Kräftefeld ihrer eigenen negativen emotionalen Stimmung gefangen sind, können niemals ihre Möglichkeiten ausschöpfen. Für sie ist »traumhaft spielen« etwas, das sich gelegentlich zufällig einstellt.
Wenn Sie Ihr eigenes mentales Klima kontrollieren wollen, sollten Sie die drei folgenden Vorschläge beherzigen:

Steigern Sie Ihre Bewußtheit! Beginnen Sie, sich in eine Stimmungslage zu bringen, die mit Ihren besten Leistungen verbunden ist. Wie fühlen Sie sich, wenn Sie wirklich gut spielen? Welches ist die beste Kombination von Gefühlen im Zusammenhang mit Siegen? Wenn Sie mit

Natürlich ist es leicht, nach einem gewonnenen Match eine positive Reaktion zu zeigen, wie hier Boris Becker. Wichtig ist aber, während des ganzen Matches eine positive Grundeinstellung zu bewahren.

Ihrer idealen Stimmung vertraut sind, dann sind Sie fähig, sich mental und emotional richtig einzustellen.
Benutzen Sie Ihre positiven Emotionen als Energiequelle! Um günstige chemische Prozesse in Gang zu setzen, ist es am besten, Ihre Leistungen mit positiven Emotionen zu speisen. Wenn Enthusiasmus, Entschlossenheit und das Gefühl der Herausforderung durch Ärger, Frustration oder Angst ersetzt werden, ist eine emotionale Feineinstellung unmöglich.
Ahmen Sie ruhig herausragende Tennisspieler nach! Ich möchte es noch einmal sagen: Jimmy Connors und Martina Navratilova sind Spieler, denen nachzueifern sich lohnt. Die großartigen Wettkämpfer projizieren die Gefühle, die mit Spitzenleistung gekoppelt sind, nach außen. Sie zeigen Entspannung, Ruhe, wenig Druck, hohe positive Energie und Selbstvertrauen.

Zwei Anmerkungen zur Beachtung: Zuerst einmal ist die Kontrolle über Ihren idealen Leistungszustand ein Prozeß, der nie abgeschlossen wird. Man verbessert sich um Zentimeter und Bruchteile von Zentimetern, nicht um Meter. Das ist wirklich die größte Herausforderung im Sport. Zweitens: Mental optimal eingestellt zu sein garantiert noch lange nicht, daß die Physis wirklich mitmacht. Es gibt zahlreiche physische Faktoren, die blockierend wirken können, wie Müdigkeit, Krankheit und Ernährung. Mental voll leistungsfähig zu sein erlaubt Ihnen lediglich, an die jeweiligen Grenzen Ihrer körperlichen Fähigkeiten und Fertigkeiten zu gehen.

2

Probleme bewältigen

Wie Sie mit inneren und äußeren Schwierigkeiten fertig werden

Wettkampf bedeutet eigentlich nichts anderes als eine Reihe von Problemen: Wind, Gegner, die schummeln, Hitze, ein verzögerter Spielbeginn, schlechte Plätze, Schwierigkeiten mit dem Material, unzureichende Beleuchtung. Jedesmal, wenn Sie einen Doppelfehler machen, Ihr Aufschlagspiel verlieren, einen »Elfmeter ohne Torwart« verschlagen, einen Muskel zerren oder wenn sich anscheinend das Blatt in einem Match zu Ihren Ungunsten wendet, erzeugt das ein Problem. Der Schlüssel zur mentalen Stärke eines Spielers liegt in seiner Reaktion auf Probleme.
Wettbewerbe stellen das Selbstwertgefühl auf die Probe; oft geht man ein psychologisches Risiko ein, wenn man sich in einen Wettkampf begibt. Man riskiert, schlecht auszusehen, gegen jemanden zu verlieren, den man eigentlich bezwingen sollte, den Trainer, die Eltern oder Freunde zu enttäuschen, Prestige bei den Kameraden zu verlieren, in der Rangliste abzurutschen – die Liste ist endlos. Probleme während eines Matches können starke Emotionen auslösen, weil der psychische Einsatz oft sehr hoch erscheint.

Typische Reaktionen in Problemsituationen

Es gibt grundsätzlich vier Möglichkeiten, auf Probleme zu reagieren. Sie sind typisch für unsere emotionalen Reaktionen in Ausnahme- und Wettkampfsituationen.

Abschalten

Die erste emotionale Reaktion, die Spieler lernen, ist das Abschalten. Indem sie ihren Einsatz verringern, distanzieren sie sich psychisch von dem, was sie tun, und erleben so weniger Schmerz und Qual sowie eine geringere Bedrohung ihres Selbstwertgefühls. Spieler erklären böse Niederlagen oft, indem sie sagen: »Ich war heute einfach nicht richtig dabei« oder »Wenn ich mich wirklich bemüht hätte, hätte ich gewonnen.« Wenn man sich weniger als hundertprozentig einsetzt und dann verliert, hat man psychologisch immer einen Ausweg. Man hat dann nicht verloren, weil der Gegner besser war, sondern weil es am vollen Einsatz gefehlt hat. Solange Spieler in schwierigen Situationen sich selbst die Möglichkeit des Abschaltens einräumen, blockieren sie sich in ihrer Entwicklung.

Temperamentsausbrüche

Wenn ein Spieler nicht mehr die Flucht aus einer schwierigen Situation über das Abschalten sucht, dann sucht er in der nächsten Phase sein Heil im allgemeinen in Temperamentsausbrüchen. Spieler erklären böse Niederlagen oft damit, daß sie sagen, sie hätten das Spiel »emotional verloren«. Das heißt nichts anderes, als daß sie vor Wut verrückt geworden sind und infolgedessen ihre Leistung nicht wirklich ein Zeichen ihres Könnens war. Auf diese Weise kann ein Spieler sich vor der unangenehmen und unakzeptablen Realität der Ereignisse schützen. Temperamentsausbrüche und Ärger werden auch oft vom Spieler dazu benutzt, um Gegnern und Zuschauern mitzuteilen, daß sie eigentlich gar nicht so schlecht sind, sondern daß sie lediglich einen schlechten Tag haben. »Wenn ich weiterspiele, ohne irgendwelche negativen Emotionen zu zeigen, dann denken die Leute, ich bin wirklich so schwach, wie ich heute spiele!«

Temperamentsausbrüche stehen eine Stufe über dem Abschalten, weil das Ego noch involviert ist; aber Sie erreichen niemals Ihr eigentliches Potential, wenn Sie diese Reaktion nicht abstellen können.

Verkrampfen

Wenn ein Spieler die ersten beiden Reaktionsmöglichkeiten, nämlich Abschalten und Temperamentsausbrüche, überwunden hat, treten in der nächsten Phase meist Verkrampfungen auf. Eigentlich ist das eher ein Anzeichen von etwas sehr Positivem. Auf dem Weg zu mentaler Stärke ist das Verkrampfen zwei Stufen über dem Abschalten und eine Stufe über Temperamentsausbrüchen einzuordnen. Wenn Spieler verkrampfen, bedeutet das, daß sie sehr stark in ihr Tun vertieft sind. Sie gehen Risiken ein und setzen ihr Ego der Kritik aus. Für Spieler, die viele Stadien des Abschaltens und Temperamentsausbrüche durchlebt haben, ist die Reak-

Pete Sampras vermittelt den Eindruck eines herausragenden Champions: Selbstvertrauen und Intensität in Kombination mit Entspannung und Ruhe.

tion der Verkrampfung ein Zeichen echten Fortschritts. Irgendwann werden sie lernen, die Verkrampfung in den Griff zu bekommen, wenn sie nicht in Reaktionen wie Abschalten oder Temperamentsausbrüche zurückfallen. Je mehr Gelegenheit ein Spieler hat zu lernen, wie man mit Druck und Krisen konstruktiv fertig wird, um so schneller wird er den Durchbruch schaffen. Solange Reaktionen wie das Abschalten und Temperamentsausbrüche für den Spieler eine zulässige Option darstellen, wird sich die Kontrolle über seine Verkrampfung hinauszögern.

Herausforderungen annehmen

Wenn Sie in schwierigen Situationen Herausforderung spüren und sie annehmen, dann haben Sie die letzte Stufe auf dem Weg zu mentaler Stärke erreicht. Sie werden feststellen, daß Sie mehr Intensität, mehr von sich selbst investieren, sobald die Situation komplizierter wird. Des weiteren werden Sie erkennen, daß die im Wettkampf auftretenden Probleme nicht länger bedrohlich erscheinen, sondern Sie eher anspornen. Offensichtlich sind Sie soweit, daß Sie den Kampf lieben. Infolgedessen können Sie jetzt Probleme ausgezeichnet bewältigen. Wenn alle anderen sich zurückziehen, weil die Probleme sich vor ihnen auftürmen, dann lächeln Sie innerlich, weil Sie wissen, daß Sie emotional im Vorteil sind.

Reaktionen bei Nervosität

Spieler, die auf Druck mit Temperamentsausbrüchen reagieren, haben ein ganz besonderes Problem, wenn sie ihr Verhalten verändern wollen. Obwohl es ihnen sehr peinlich ist, eine Szene zu machen, können sie sich nicht kontrollieren, was natürlich noch frustrierender ist. Amy Schwartz, die 1984 den Oster Cup in Florida bei den 16jährigen gewann und Finalistin bei den Nationalen Meisterschaften der gleichen Altersklasse war, kann eine solche Geschichte erzählen. Wie viele Nachwuchsspieler hat sie es jahrelang versucht, ihr Temperament zu kontrollieren. »Ich hasse mich, wenn ich die Kontrolle verliere«, sagt sie, »ich führe mich wie eine Verrückte auf, und danach fühle ich mich ziemlich blöd.«

Wie bei den meisten Spielern mit Temperamentsausbrüchen haben Amys Eltern, Trainer und Freunde sie dringend gebeten, sich zu zähmen. »Ich wußte, daß sie recht hatten«, meint Amy, »aber ich konnte es einfach nicht lassen.« Versuchte sie jedoch, sich nicht mehr zu ärgern, dann spielte sich bei ihr emotional gar nichts mehr ab: »Ich hatte keinen Biß mehr und begann dann, zu verkrampfen und richtig vorsichtig zu spielen. Schließlich wurde ich wieder wütend, und sofort spielte ich besser. Aber das hielt nie lange an. Ich spiele niemals wirklich gut, wenn ich mich ärgere.«

Spieler mit Temperamentsproblemen sind oft verrückt nach Wettkämpfen. Sie sind wirklich gierig zu gewinnen. »Ich kann es nicht aushalten zu verlieren«, sagt Amy. »Vielleicht möchte ich zu sehr gewinnen. Sobald es aussieht, als könnte ich verlieren, beginne ich innerlich zu kochen.«

Temperamentsausbrüche können erhebliche Selbstverachtung, Schuldgefühle, Verlegenheit und Verwirrung bei einem Spieler erzeugen. Quälende Gefühle wie »Warum kann ich nicht damit aufhören?«, »Was ist mit mir los?« und »Wieso kann ich mich nicht richtig kontrollieren?« beeinflussen die Psyche eines Spielers oft beträchtlich. Sportler haben häufig das Gefühl, daß die Dinge trotz großen Bemühens außerhalb ihrer Kontrollmöglichkeiten liegen.

In den letzten zehn Jahren haben Sportpsychologen im Zusammenhang mit Nervosität einige wichtige Entdeckungen gemacht, die auch auf das Tennisspiel anzuwenden sind. Zuerst einmal ist für die meisten Spieler das Gefühl der Nervosität unbequem und unangenehm. »Nerven haben« bedeutet Angst, und Angst bedeutet oft Panik. Wenn man Angst hat, möchte man weglaufen, sich verstecken. Gefühle wie Hilflosigkeit und Verlorenheit sind die üblichen Nebeneffekte bei Angst. Die meisten Spieler würden Ärger oder Wut der Angst vorziehen. Ärger wird im allgemeinen als weniger unangenehm wahrgenommen als Nervosität, und die Spieler fühlen sich weniger hilflos und gequält.

Die zweite Entdeckung ist die, daß Spieler sich auf die unterschiedlichsten mentalen und emotionalen Strategien zurückziehen – viele davon sind sehr unproduktiv –, um Nervosität zu vermeiden. Die beiden häufigsten Strategien sind erstens Ärger sowie hochgradige Beunruhigung (Temperamentsausbrüche) und zweitens die innere Aufgabe, indem man sich emotional nicht länger engagiert (Abschalten). Für einen Spieler ist es wichtig zu erkennen, daß seine Laune eigentlich im Zusammenhang mit seiner Nervosität gesehen werden muß.

Spieler, die regelmäßig abschalten oder Temperamentsausbrüche zeigen, berichten häufig, daß sie sich selten während eines Matches nervös fühlen. Die Nervosität haben sie erfolgreich ausgeschaltet, aber der Preis ist oft ein sehr unbeständiges und schwaches Spiel. Die meisten Spieler haben nie bewußt ihre Temperamentsausbrüche oder die Strategie des Abschaltens mit ihrer Nervosität in Zusammenhang gesehen. Aber dieser Zusammenhang ist sehr wichtig.

Die dritte Entdeckung ist, daß die meisten Spieler ihre Spielweise verändern, wenn sie nervös sind. Viele handeln nach einem der zwei folgenden Muster: Entweder sie schieben den Ball nur über das Netz und spielen sehr vorsichtig, oder sie fangen an, auf den Ball zu hämmern, und versuchen, gleich mit dem ersten oder zweiten Schlag zu punkten. Am häufigsten wird der Ball einfach über das Netz geschoben. Nervosität läßt die Muskeln verhärten; das bewirkt, daß die Schläge kürzer und unrhythmisch werden. Der Spieler versucht lediglich den Ball im Spiel zu halten in der Hoffnung, daß der Gegner ihn verschlägt, da er spürt, daß er den Ball nicht länger so schlagen kann, wie er eigentlich will. Er spielt, um nicht zu verlieren, und nicht, um zu gewinnen. Seine Strategie im Kampf gegen die Nervosität heißt einfach, keinen Fehler zu machen. Dieser hochgradig defensive Stil resultiert in kürzeren Schlägen, weniger Spielvarianten und geringem Krafteinsatz. Wenn man den Ball schiebt, kann das schon gelegentlich einmal einen Sieg einbringen, aber Löffler sind nur selten gute Allroundspieler. Und selbst wenn man gewinnt, hat man ein schlechtes Gefühl nach dem Match, weil man genau weiß: Diesmal hat's geklappt, aber dieser Stil hat keine Zukunft.
Diejenigen Spieler, die auf die Bälle einhämmern, wenn sie nervös sind, gewinnen oft in großartiger Manier oder verlieren ganz kräftig. Ihre Antwort auf Nervosität heißt: »Ich gehe einfach aufs Ganze. Ich hasse es, den Ball zu schieben, darum mache ich lieber gleich Nägel mit Köpfen. Wenn die Bälle im Feld landen, gut; wenn nicht, dann habe ich wenigstens nicht gelöffelt.« Unglücklicherweise bringt weder Ballgeschiebe noch Hämmern als Reaktion auf Nervosität langfristig Erfolg. Was ist also zu tun, um Nervosität, Ärger oder Wut unter Kontrolle zu bekommen?
Als erstes sollten Sie versuchen, den Druck zu reduzieren, ohne das »Feuer« zu löschen. Das heißt, anstatt um jeden Preis gewinnen zu wollen, sollten Sie versuchen, in jedem Moment so gut zu spielen wie Sie können. Konzentrieren Sie sich einfach bei jedem Schlag darauf, physisch und psychisch 100 Prozent zu geben. Der Sieg wird sich dann von selber einstellen.
Erkennen Sie den Zusammenhang zwischen dem Erfolg im Match und Ihrer Fähigkeit, ein starkes, positives und gelassenes Bild von sich während einer kritischen Situation zu entwickeln. Wenn Fehler, Schiedsrichterentscheidungen oder ganz einfach Pech Zorn in Ihnen hochkommen lassen, sollten Sie dennoch versuchen, weiterhin Entschlossenheit und Ruhe auszustrahlen.
Trainieren Sie mental, wie Sie Krisensituationen und Widrigkeiten zu handhaben gedenken. Stellen Sie sich selbst während eines Wettkampfes vor und versuchen Sie, sich so zu fühlen, wie Sie sich dann fühlen wollen. Entwickeln Sie ein Bild von sich als einen selbstsicheren Wettkämpfer, der mit einer unzerstörbaren emotionalen Kontrolle ausgestattet ist.

Kontrolle und Beherrschung der Situation sprechen aus dieser Geste von Boris Becker vor dem Aufschlag.

Und schließlich sollten Sie sich eine Strategie angewöhnen, die zu den von Ihnen gewünschten Resultaten führt. Die Antwort heißt natürlich nicht einfach, niemals nervös zu werden, weil das unmöglich ist, außer wenn Sie abschalten oder vor Ärger verrückt werden; sie heißt vielmehr, für sich einen bestimmten Plan zu entwickeln und ihm zu folgen.
Aufgrund meiner Erfahrung und meiner Untersuchungen ergeben sich langfristig die besten Resultate aus folgenden fünf Schritten:

Bewältigung der Nervosität

Schritt 1 *Gestehen Sie sich selbst ein, daß Sie nervös zu werden beginnen.*

Schritt 2 *Nehmen Sie sich mehr Zeit zwischen den einzelnen Punkten. Machen Sie langsam und achten Sie darauf, keine Hektik aufkommen zu lassen.*

Schritt 3 *Setzen Sie bestimmte Rituale stärker ein. Rituale, wie den Ball auftippen, den Schläger vor- und zurückschwingen, in die Hand blasen und sich bildhaft vorstellen, was Sie beim nächsten Punkt machen wollen.*

Schritt 4 *Atmen Sie wenigstens einmal tief durch, ehe Sie den nächsten Ballwechsel beginnen.*

Schritt 5 *Spielen Sie kontrolliertes, aber aggressives Tennis.*

Der fünfte Schritt ist der schwierigste, denn er erfordert Mut und Entschlossenheit. Auf Nummer Sicher und dennoch aggressiv Tennis zu spielen heißt, aggressiv, aber beständig zu spielen. Es heißt, daß man weder zu sehr forciert noch mit dem ersten oder zweiten Ball den Punkt machen will. Es bedeutet, den Ball lang und schnell zu spielen, aber nicht die Linien anzuspielen oder allzu riskante Schläge zu wagen. Es bedeutet, den ersten Aufschlag mit 70 oder 80 Prozent Krafteinsatz zu spielen und nicht auf Asse zu setzen. Es heißt, Angriffsbälle aggressiv zu schlagen und dann ans Netz zu gehen und nicht gleich den Ball wegsetzen zu wollen. Es heißt, anzugreifen und dabei nur wenig Eigenfehler zu machen. Ihr Ziel ist es, Druck auf den Gegner auszuüben und ihn dazu zu bringen, einen Fehler zu machen. Wenn Sie nervös und unsicher sind, dann überlassen Sie lieber Ihrem Gegner den schwierigen Schlag, als daß Sie ihn selbst probieren.
Versuchen Sie, das Geschehen selbst zu bestimmen, als darauf zu warten, daß etwas geschieht. Das bedeutet im allgemeinen mit mehr Topspin spielen, mehr Crossbälle, keine Stops, auf kurze Bälle ans Netz gehen und den Ball aggressiv schlagen. Ihr Ziel muß es sein, einen Stil zu spielen, der den Gegner zu Fehlern zwingt, gleichzeitig aber Ihre

eigenen unerzwungenen Fehler auf ein Minimum beschränkt. Und sollten Sie den Punkt oder das Match verlieren, so bleiben Sie trotzdem bei Ihrem Ziel, aggressives und dennoch kontrolliertes Tennis zu spielen, denn auf lange Sicht macht Sie das zu einem stärkeren Tennisspieler.
Damit das Ganze funktioniert, sollten Sie die folgenden Punkte beachten:

- ▷ *Entwickeln Sie einen zweiten Aufschlag, auf den Sie sich auch unter Druck verlassen können. Ihr zweiter Aufschlag sollte aggressiv, aber zuverlässig sein.*
- ▷ *Schläge, die jedesmal zu Fehlern führen, wenn Sie nervös werden, müssen unbedingt überprüft werden. Ihre Schläge sollten es Ihnen erlauben, daß Sie auch dann aggressiv spielen können, wenn Sie nervös und verkrampft sind.*
- ▷ *Gestatten Sie sich weder ein Abschalten noch irgendwelche Temperamentsausbrüche, um Ihre Nervosität loszuwerden. Beides sind keine echten Alternativen.*
- ▷ *Haben Sie niemals Angst davor, nervös zu sein, auch wenn Nervosität manchmal unangenehm und zersetzend sein kann. Nervosität ist ein Anzeichen dafür, daß Sie emotional bei der Sache sind. Wenn Sie nervös werden, spielen Sie ruhig weiterhin aggressiv, aber mit Kopf. Erhalten Sie sich in jedem Fall den Spaß am Fighten.*

Es gibt kaum einen direkten Weg, das Temperament in den Griff zu bekommen. Man muß meist mit Umwegen und vorübergehenden Rückschlägen rechnen.

Kommen wir zurück zur eingangs erwähnten Amy Schwartz. Wenn es ihr mißlungen war, ihr Ziel in einem Match, einem Satz oder einem Ballwechsel zu erreichen, hatte sie einfach die Aufgabe, sich so schnell wie möglich davon freizumachen und sich wieder auf Erfolg zu orientieren. Amy könnte Ihnen auch sagen, daß das alles nicht leicht war. Aber als 1984 endlich eine Erfolgsserie einsetzte, merkte sie, daß sie selbst die Dinge in der Hand hatte. »Ich weiß jetzt, daß ich es schaffen kann«, sagt Amy. »Aber ich weiß auch, daß ich jeden Tag daran arbeiten muß, sonst verschwindet alles wieder. Ich habe gelernt, daß sich meine alten Gewohnheiten wieder einstellen und mich besiegen, wenn ich nicht täglich daran arbeite.«

Die Verkrampfung überwinden

Wenn Probleme wie das Abschalten oder Temperamentsausbrüche bereits hinter Ihnen liegen, dann ist das Verkrampfen ein Zeichen, daß Sie es fast geschafft haben und bereits kurz vor dem Ziel sind. Das positive Gefühl der Herausforderung wartet schon hinter der Ziellinie. Aber vorher müssen Sie noch die letzte Hürde nehmen.

Ihre Muskeln fühlen sich wie in Ketten, der Magen dreht sich und Adrenalin wird ausgeschüttet. Alles in Ihnen ist für einen Kampf auf Leben und Tod vorbereitet. Aber es geht gar nicht um Leben oder Tod; es ist nur ein Tiebreak im dritten Satz, den Sie nicht verlieren wollen. Verkrampfung ist das letzte, was Sie in diesem Moment brauchen. Ruhe und Lockerheit sind jetzt für Sie wichtig. Wenn Sie verkrampfen, lassen Sie lediglich Ihren Körper das Richtige zur falschen Zeit tun. Es ist, als ob der biologische Alarm, der in lebensbedrohlichen Situationen ausgelöst wird, losgegangen wäre: Sie nehmen die Situation als bedrohlich wahr, aber es geht lediglich um Prestige und mitunter um Geld.

Übrigens verkrampfen alle Spieler irgendwann einmal – der beste ebenso wie der schlechteste. Im Spitzentennis läßt sich dies gut beobachten: als beispielsweise John McEnroe sich an den Hals faßte und auf die Knie sank, nachdem er einen leichten Breakball ins Netz geschlagen hatte, als Martina Navratilova gegen Zina Garrison bei den US Open 1987 verlor, oder als Jimmy Arias das entscheidende Davis-Cup-Spiel gegen Paraguay 1989 verlor, nachdem er 5:2 im fünften Satz geführt hatte. Es ist ein entscheidender Fehler zu glauben, daß gute Spieler niemals verkrampfen. Wenn Sie aufgrund dieser Meinung Ihren eigenen Erfolg bewerten wollen, dann sind Sie wahrscheinlich immer mit sich unzufrieden. Großartige Spieler verkrampfen auch; aber es passiert ihnen selten, und dann untergräbt das höchstwahrscheinlich auch nicht ihr Selbstvertrauen oder ihre Konzentration.

Verkrampfung tritt in vielerlei Gestalt auf. So ein richtiger »Alarm« kann beträchtliche Verwirrung erzeugen, Muskeln hart wie Stahl werden lassen, das innere Gleichgewicht erschüttern und negative Gedanken oder Schüttelfrost verursachen. In anderen Situationen können gummiweiche Knie, zu kurze zaghafte Schläge und flacher unregelmäßiger Atem ein Symptom sein. Eine sublimierte Form von Verkrampfung ist oft die Ursache dafür, daß man bei wichtigen Punkten zuviel möchte oder daß man hektisch wird und den Punkt erzwingen will.

Interessant ist es zu beobachten, wie unterschiedlich Spieler auf Fehler beziehungsweise auf Verkrampfung reagieren. Verschlägt man eine Vorhand, ist das eine Sache; spielt man aber eine völlig verkrampfte Vorhand, ist das etwas ganz anderes. Aus irgendeinem Grund scheint es

Selbst Profis wie Henri Leconte werden nervös und verspannt. Niemand ist dagegen völlig immun.

einen persönlich viel stärker zu beunruhigen, wenn man verkrampft; und ist man erst mal als verklemmt abgestempelt, dann kann das Ganze ziemlich unangenehm werden.

Verkrampfungen lösen und vermeiden

Es gibt viele Strategien, mit denen man gegen Verkrampfungen angehen kann. Sie haben sich für die meisten Spieler als sehr nützlich erwiesen. Die zehn folgenden erscheinen mir als die besten:

- ▷ *Gehen Sie nicht mit dem Vorsatz auf den Platz, nicht zu verkrampfen. Je mehr Sie davon besessen sind, Anspannungen zu vermeiden, um so schlimmer wird es meistens. Akzeptieren Sie vielmehr, daß Sie in bestimmten Situationen nervös sind, und machen Sie einfach weiter. Setzen Sie sich die Ziele immer so, daß Sie unter allen Umständen etwas Positives im Match tun können, wie z. B. konzentriert bleiben, sich hundertprozentig bei jedem Ball einsetzen und aggressiv spielen. Irgend etwas sollten Sie immer zu erreichen versuchen.*
- ▷ *Spielen Sie so um jeden Punkt, als sei er der wichtigste im ganzen Match. Wenn jeder Punkt gleich wichtig ist, dann sollte es so etwas wie besonders wichtige Punkte gar nicht geben. Bei jedem Ballwechsel sollten Sie sich gleich stark einsetzen, denn jeder Punkt ist ein Punkt, bei dem Sie unter Druck stehen. Sie werden bald sehen, daß Sie mit dem Druck besser fertig werden. Für diese Strategie gibt es kein besseres Beispiel als Jimmy Connors.*
- ▷ *Je schwieriger die Situation, um so lieber. Druck erzeugt Anspannung. Wenn man mit dem Rücken zur Wand steht und das als Herausforderung ansieht, dann wird der Druck in produktive Energie umgewandelt. Es gibt nur wenige, die das besser können als Boris Becker. Wenn Sie lernen, solche Situationen zu akzeptieren, dann verkrampfen Sie nicht mehr.*
- ▷ *Im Zweifelsfall mit vollem Einsatz spielen. Rod Laver war darin Meister. Wenn es schwierig wurde, war er am besten. Steht das Spiel auf der Kippe, ist es besser, aggressiv als auf Sicherheit zu spielen. Wenn Sie mit viel Topspin spielen, ist es ohnehin besser, aggressiv zu spielen.*
- ▷ *Verbessern Sie diejenigen Ihrer Schläge, die unter Druck nicht mehr funktionieren. Wenn Ihr Aufschlag als erstes versagt, dann sollten Sie Ihre Technik ändern und beim Aufschlag mehr Sicherheitsreserve einkalkulieren. Kommt*

es beim gleichen Schlag immer wieder zu Fehlern, dann liegt es eher an diesem Schlag als an Ihrem Kopf.

- ▷ *Konzentrieren Sie sich auf jeden Schlag, und zwar immer nur auf einen. Björn Borg, der »Eis-Berg«, hat genau das als Schlüssel zu seinem Erfolg angesehen. Er hat sich bei jedem Punkt so angestrengt, als ob es der erste und letzte sei. Es gab weder eine Vergangenheit noch eine Zukunft, es gab nur die Gegenwart.*
- ▷ *Machen Sie sich einen einfachen Plan für Ihr Spiel, mit klaren Zielen, und halten Sie sich daran. Wenn Arthur Ashe einen Tennisplatz betrat, hatte er fast immer einen Spielplan im Kopf und fühlte sich mental gut vorbereitet und ohne Druck. Solche Überlegungen vor dem Match sind durch nichts zu ersetzen.*
- ▷ *Wärmen Sie sich gründlich vor dem Spiel auf. Wenn man tüchtig schwitzt, verringert sich die Muskelanspannung. Denken Sie mal darüber nach, ob ein kleiner Lauf Sie ruhig und locker machen kann. Wenn Sie sich danach immer noch verspannt fühlen, sollten Sie bei den ersten Schlägen alles geben, um die Anspannung zu verringern.*
- ▷ *Nehmen Sie sich viel Zeit für alles, ganz besonders für Ihre kleinen Rituale. Wenn der Druck steigt, neigen viele Spieler dazu, hektisch zu reagieren. Tun Sie alles, was dazu beitragen könnte, dies zu vermeiden. Stellen Sie sich zwischen den einzelnen Punkten alles in Zeitlupe vor.*
- ▷ *Denken Sie vor allem daran: Tennis soll Spaß machen. Diese Einstellung kann den feinen Unterschied ausmachen. Versuchen Sie's mal.*

Die Angst fortblasen

Angst läßt sich mit Hilfe der Atemtechnik vermindern. Atmen Sie tief durch. Das ist wahrscheinlich eine der einfachsten und natürlichsten Möglichkeiten, seine Nervosität zu bekämpfen. Wenn man Angst hat, das Herz rast und im Kopf die Möglichkeiten zur Flucht abwägt, hält man im allgemeinen inne und holt tief Luft. Danach kann man seinem Widersacher ein wenig ruhiger ins Auge sehen.

Die Atmung ist ein Schlüssel zu unseren Emotionen. Ob Sie sich glücklich oder traurig, nervös oder herausgefordert fühlen, der Atmungsvorgang ändert sich mit den Gefühlen. Natürlich können wir auch unsere Gefühlszustände und die entsprechenden physischen Zustände verän-

Gründliches Ausatmen bewahrt Aaron Krickstein vor Verkrampfung.

dern, wenn wir unsere Atemtätigkeit kontrollieren, insbesondere auf dem Tennisplatz. Im folgenden möchte ich Ihnen drei Anregungen geben, die zur Leistungssteigerung beitragen können:

- ▷ *Versuchen Sie, Ihre Atmung auf Ihren Schlagablauf abzustimmen: Atmen Sie ein, wenn der Ball auf Sie zukommt, und atmen Sie im Moment des Ballkontakts aus. Atmen Sie durch den Mund aus und lassen Sie die Luft lange und gründlich strömen. Wenn Sie es richtig machen, erzeugen Sie beim Schlag einen langen anhaltenden Ton. Je länger und stärker der Atemzug ist, um so besser werden Sie Ihre Atmung kontrollieren können. Es ist sehr wichtig, daß Ihre Atmung genau im gleichen Rhythmus wie Ihr Schlagablauf ist. Um diese Atemtechnik zu erlernen, sollten Sie im Training im Treffpunkt das Wort »Jaaa« vor sich hersagen. Das macht den Lernprozeß einfacher. Wenn Sie zu denjenigen Spielern gehören, die den Atem üblicherweise anhalten, werden zwei oder drei Wochen Übung notwendig sein, ehe Atmung und Schlagablauf synchron ablaufen. Ihre Muskeln werden entspannter sein, da beim Ausatmen die Muskeln grundsätzlich entspannter sind. Das bedeutet, daß Sie während des Ballwechsels ausreichend Sauerstoff aufnehmen. Sie werden auch einen ganz bestimmten Rhythmus im Spiel aufrechterhalten, und das wiederum hat zur Folge, daß diese Atemtechnik es Ihnen erleichtern wird, lang und tief durchzuatmen. Das heißt, daß es schwieriger ist, kurze und unrhythmische Schläge zu machen, wenn Sie tief und gleichmäßig durchatmen.*
- ▷ *Atmen Sie zunächst einmal tief durch (Bauchatmung), ehe Sie einen Ballwechsel beginnen, wenn Sie ärgerlich oder frustriert sind oder zuviel Druck spüren. Atmen Sie durch die Nase ein und durch den Mund aus. Während Sie einatmen, sollten Sie Ihre Schultern hochziehen und sie tief fallen lassen, während Sie durch den Mund lang und gleichmäßig ausatmen.*
- ▷ *Beim Seitenwechsel sollten Sie langsam durch die Nase einatmen und dabei bis vier zählen, den Atem für zwei Sekunden anhalten und dann langsam durch den Mund ausatmen und dabei wieder bis vier zählen. Das entspannt und hilft Ihnen, besser mit dem Druck fertig zu werden – Sie bleiben konzentriert.*

Vermeiden Sie Extreme

Das Verhalten auf dem Platz kann beim Tennis eigenartig, unterhaltsam und unvorhersehbar sein, aber es hat einen einzigartigen persönlichen Charakter. Wieso? Weil wir alle irgendwann einmal nervös werden und jeder von uns alles tun wird, um die Nervosität, die bei uns unangenehme Gefühle erzeugt und unserem Spiel schadet, zu vertreiben, ganz egal, wie uncharakteristisch unser Verhalten auf dem Platz im Verhältnis zu unserem sonstigen Verhalten ist.

Extremes Verhalten verrät beim Tennis oft Unsicherheit, Verletzlichkeit und Schwäche. Solches Verhalten entsteht typischerweise aus einer Kombination von Persönlichkeitsdynamik und Belastungssituationen der jeweiligen Sportart. Wenn Sie auf dem Tennisplatz extreme Verhaltensweisen wie Einschüchterungsversuche, Gefühlsausbrüche, Kontakte mit allem und jedem, Insichgekehrtsein und Selbstanalyse entwickeln, kann Ihnen das helfen, persönliche Bedürfnisse zu befriedigen und Unsicherheiten zu bewältigen. Es kann Ihnen aber in Ihrer Entwicklung als Tennisspieler teuer zu stehen kommen.

Wir müssen neue Wege finden, wie wir solche wesentlichen psychischen Bedürfnisse befriedigen und mit dem Druck während des Matches fertig werden können, damit wir unser Spiel weiterentwickeln und Erfolg haben können. Für die meisten Menschen bedeutet das keine dramatische Veränderung ihrer Persönlichkeit. Langsame, stufenweise Veränderungen, die zu einer ausgeglicheneren, weniger extremen Persönlichkeit führen, bringen oft den Durchbruch in Wettkämpfen.

Schauen wir uns einmal ein paar dieser extremen, ungünstigen Verhaltensweisen bei Tennisspielern an.

»Der Insichgekehrte«

Wie Sie sich als »Insichgekehrter« verhalten:

Sie zeigen auf dem Platz überhaupt keine Regung. Weder Zuschauer noch Gegner haben irgendeinen Hinweis auf Ihre wahren Gefühle. Sie scheinen von nichts berührt zu werden. Sie bleiben unbewegt, egal ob Sie einen Punkt gewinnen oder verlieren. Tennis scheint Ihnen nicht viel Spaß zu machen. Eher ist es etwas, was Sie ertragen. Wenn der Druck steigt, ziehen Sie sich vielmehr noch weiter hinter Ihre Fassade zurück.

Was Sie denken:

»Ich mag meine Persönlichkeit auf dem Platz nicht zeigen. Es ist mir unangenehm oder peinlich, Gefühle zur Schau zu stellen. Manchmal beneide ich Spieler, die auf dem Platz ganz aus sich herausgehen.«

Lieblingsgegner:
Das sind Spieler, die auf dem Platz auch keine emotionalen Regungen zeigen. Spieler, die Emotionen zeigen, wirken oft bedrohlich auf den »Insichgekehrten«.

Schwächen:
Emotionen erzeugen Energie, Kampfbereitschaft, Erregung und Entschlossenheit. Emotionen auszuschalten, insbesondere positive, bedeutet meist, mit niedriger Intensität zu spielen. Wenn Sie auf dem Court Ihre Persönlichkeit positiv einbringen, dann bringen Sie Leben, Spaß und Spontaneität in Ihr Spiel.

»Der Psycho«

Wie Sie sich als »Psycho« verhalten:
Jedes Gefühl wird offen gezeigt, Ihre Persönlichkeit wird auf dem Platz transparent. Da Emotionen sich während des Spiels sehr schnell ändern können, schwanken Sie zwischen Freude und Wut oder Langeweile und Angst. Sie fahren gewissermaßen emotional Achterbahn, und alle können das sehen.

Wie Sie denken:
»Es ist wichtig, daß ich ganz ich selbst bin. Ich bin nun mal ein gefühlsbetonter Mensch, und alles andere wäre für mich sehr unnatürlich und unecht. Ich habe schon versucht, meine Emotionen für mich zu behalten, aber es klappt nicht.«

Lieblingsgegner:
»Psychos« lieben es, gegen einen »Insichgekehrten« zu spielen, da sie ihn mit seinen emotionalen Schwankungen so einschüchtern, daß dieser kaum noch spielen kann. Der »Insichgekehrte« ärgert sich sehr über den »Psycho«, zeigt es aber nie.

Schwächen:
Emotionale Achterbahnfahrer fahren meist auch leistungsmäßig Achterbahn. Der für alle sichtbare Ausdruck von Emotionen, insbesondere von negativen, steigert oft den physiologischen Effekt und begünstigt ihr Wiederauftreten. Gleichmäßige Leistungen sind bei so extremen emotionalen Schwankungen nahezu unmöglich.

»Der Spaßvogel«

Wie Sie sich als »Spaßvogel« verhalten:
Sie reden, lachen und sympathisieren ständig mit Gegner und Zuschauern während des Spiels; Sie sind überaus nett, freundlich, lieb und entgegenkommend. Sie zeigen selten Wettkampfeifer und würden eher das Match als einen Freund verlieren. Sie beschweren sich ständig über Ihr Unvermögen, sich zu konzentrieren.

Was Sie denken:
»Ich glaube, es ist kaum möglich, sich freundschaftlich zu verhalten und trotzdem hochgradig wettkampforientiert zu sein. Natürlich möchte ich gewinnen, aber ich riskiere dabei keine Freundschaften. Ich habe mehr Spaß, mich mit den Leuten zu unterhalten als am Wettkampf. Ich glaube, es ist auch nicht allzu gesund, so wettkampfbesessen zu sein.«

Lieblingsgegner:
»Spaßvögel« lieben es, gegen andere »Spaßvögel« anzutreten. Das ist für sie das Höchste im Wettkampf.

Schwächen:
»Spaßvögel« finden es nahezu unmöglich, Intensität, Energie oder Aggression zu erzeugen. Infolgedessen schneiden sie im Wettkampf meist schlecht ab und haben Schwierigkeiten, sich zu konzentrieren. Sie sind oft recht frustriert, da sie gewinnen wollen, aber nicht können.

»Der Einschüchterer«

Wie Sie sich als »Einschüchterer« verhalten:
Sie behandeln Ihren Gegner wie einen Feind. Sie starren ihn an, zeigen mit dem Finger auf ihn, drohen und warten auf jede Gelegenheit, sich in psychologische Kriegsführung einzulassen. Schiedsrichterentscheidungen gegen Sie nehmen Sie als perfekte Gelegenheit, in den psychologischen Kampf einzusteigen. Selbst wenn Sie gegen Freunde spielen, wird Ihre Persönlichkeit in eine »Darth Vader«-Produktion umgewandelt.

Wie Sie denken:
»Ich muß meine Gegner hassen, um gut zu spielen. Ich kann nicht nett sein und gewinnen. Wenn ich nett bin, spiele ich wie der letzte Heuler. Ich gewinne lieber das Spiel statt Freunde. Alle meine Freunde wissen, daß ich auf dem Platz ein Tier, außerhalb des Platzes aber ziemlich nett bin. Wenn ich nur einen Grund finden kann, um meinen Gegner zu hassen, spiele ich gleich viel besser.«

Lieblingsgegner:
Dem »Einschüchterer« ist es eigentlich ziemlich egal, gegen wen er spielt, aber der »Spaßvogel« auf der anderen Seite des Netzes macht ihn verrückt.

Schwächen:
Wut erhöht zwar die Intensität, ist aber auch schwierig zu kontrollieren. Zuviel davon läßt die Intensität steigen, führt aber zu Muskelverspannungen, schlechter Konzentration und übermäßiger Aggression. Viele Spieler tappen in diese Falle; erst allmählich lernen sie, daß nicht Haß der Schlüssel zum Erfolg ist, sondern der Erregungszustand. Die Erregung durch positive Emotionen ist genauso groß, fördert aber die Beständigkeit, erlaubt bessere Kontrolle und bringt mehr Genuß. Der alte Glaube, daß Sie Ihre Gegner hassen müssen, um gut spielen zu können, ist wirklich ein Mythos.

»Der Kopflose«

Wie Sie sich als »Kopfloser« verhalten:
Sie spielen völlig intuitiv. Ihre Spielweise kann man am besten spontan, automatisch und zeitweise als sehr unintelligent bezeichnen. Ihre Gegner können schlecht vorhersagen, was Sie tun werden – aus gutem Grund: Sie selbst wissen ja nicht einmal, was Sie als nächstes tun werden. Was geschieht, das geschieht eben.

Wie Sie denken:
»Ich denke nicht gern auf dem Platz. Es verwirrt mich einfach. Je mehr ich denke, um so schlechter spiele ich. Ich lasse meinen Kopf lieber in der Kabine. Dann spiele ich einfach besser.«

Lieblingsgegner:
Es macht kaum einen Unterschied, gegen wen der »Kopflose« spielt, weil seine Spielweise keine logische Verbindung zu der seines Gegners hat. Wie er im Match spielt, ist für ihn selbst jedesmal genauso überraschend wie für seine Gegner.

Schwächen:
Der »Kopflose« spielt oft sehr wenig intelligent. Er löst deswegen plötzlich auftretende Probleme nur sehr ungenügend und wendet vielfach eine schlechte Taktik an. Wenn es bei ihm nicht läuft, wenn zum Beispiel ein Schlag nicht mehr funktioniert, hat er oft keine Idee, wie er die Situation meistern kann.

»Der Analytiker«

Wie Sie sich als »Analytiker« verhalten:
Es gibt eine Ursache für alles, und Sie werden sie finden. Ihr Spiel ist kontrolliert, berechnet und gut überlegt. Sie machen selten etwas sehr Dummes, aber Ihre Spielweise wirkt sehr mechanisch und nicht sehr kreativ. Sie wirken wie ein Roboter. Jedem Fehler folgt sofort eine komplette Fehleranalyse und ein detaillierter Plan, was als nächstes zu geschehen hat.

Wie Sie denken:
»Intelligenz und Logik sind alles. Tennis ist wie Schach – wer besser denkt, spielt besser. Will ich meinen Gegner im Griff haben, muß ich das Spiel rational beherrschen.«

Lieblingsgegner:
»Analytiker« spielen am liebsten gegen »Kopflose«. Ihre intelligente Spielweise wird sich meist gegen reines Athletentum durchsetzen.

Schwächen:
Der Preis für eine so starke analytische Einstellung ist oft der Verlust einer natürlichen Sportlerpersönlichkeit. Der natürliche Bewegungsfluß des Körpers und seine Anmut gehen verloren, wenn man zuviel denkt. Trotz der intelligenten Spielweise sind alle Aktionen etwas eckig, unnatürlich und hochgradig vorhersagbar. Wenn der Druck steigt, haben »Analytiker« häufig Probleme mit Muskelverspannungen.

»Der Scharfschütze«

Wie Sie sich als »Scharfschütze« verhalten:
Unter Druck werden Sie äußerst aggressiv und schlagen immer schärfer; Sie bestrafen den Ball. Sie sind auf den »Killerschlag« aus – und zwar so schnell wie möglich. Sie gewinnen entweder hoch oder Sie verlieren hoch (und Sie verlieren öfter, als Sie gewinnen). Angriff ist Ihre Antwort auf jedes Problem.

Wie Sie denken:
»Ich bin nun mal jemand mit scharfen Schlägen. Ich schlage lieber scharf und verliere, als daß ich den Ball schiebe und gewinne. Scharf zu schlagen macht mir Spaß. Ich hasse die Löffler. Das sind Feiglinge, die ich nicht respektiere. Man sollte sie zwingen, in separaten Turnieren anzutreten.«

Lieblingsgegner:
Gegner, die genauso spielen wie Sie selbst. Sie lieben es, gegen Spieler anzutreten, die schnell spielen. Sie spielen dann immer gut und haben auch Spaß.

Schwächen:
Sie verlieren oft gegen die »Löffler«. Sie haben echte Schwierigkeiten mit Spielern, die sehr beständig sind und dem Ball keine Geschwindigkeit geben. Ihre Gegner merken bald, daß sie den Ball lediglich im Spiel halten müssen; dann werden Sie sich mit Ihren eigenen Fehlern schlagen. Wer gegen Sie antritt, nimmt am besten den Druck aus dem Spiel.

»Der Löffler«

Wie Sie sich als »Löffler« verhalten:
Unter Druck bringen Sie einfach alles zurück. Sie fischen jeden Ball. Sie geben den Bällen kaum Geschwindigkeit, so daß sie in 3 Meter Höhe übers Netz segeln und meistens mitten im Feld landen. Im Lobben sind Sie Kaiser; Sie haben eine großartige Kondition und laufen sehr gern.

Wie Sie denken:
»Es macht mir Spaß, tausendmal hin und her zu spielen, um den Punkt zu gewinnen. Es stört mich nicht, wenn ich nicht scharf schlage. Ich will gewinnen. Es bereitet mir Vergnügen, alle, die schnell spielen, aus dem Schlag zu bringen. Es ist mir egal, wie mein Spiel aussieht und ob jemand beeindruckt ist. Ich möchte lieber gewinnen als gut aussehen.«

Lieblingsgegner:
Mit Vorliebe nehmen Sie es mit Gegnern auf, die scharf schlagen und wenig Geduld haben. Sie verweisen diese Spieler gern in ihre Grenzen. Hingegen ist es ein Greuel für Sie, gegen jemanden anzutreten, der die gleiche Spielweise wie Sie hat. Ein Match mit Ihnen dauert wahrscheinlich drei Stunden, sogar wenn Sie 6:0, 6:2 gewinnen.

Schwächen:
Sie haben Probleme mit gerissenen Angriffspielern. Spieler, die gut schmettern können, zwingen Sie zu Passierschlägen. Da Sie aber meist zu langsam gespielt haben, wird es für Sie schwierig, erfolgreiche Passierbälle zu schlagen. Ihre Spielweise bringt Ihnen eine Menge Pokale ein – aber nur bis zu einer bestimmten Spielstärke. Darüber hinaus werden Sie nur Erfolg haben, wenn Sie öfter aggressivere Taktiken in Ihr Spiel integrieren können.

Wie können Sie sich und Ihre Spielweise ändern? Erst einmal müssen Sie sich Ihre Extremposition eingestehen und einsehen, daß Sie sich diese angewöhnt haben, weil sie Ihnen von Nutzen war – natürlich nur bis zu einem bestimmten Grad. Als nächstes müssen Sie sich überlegen, inwiefern Ihnen diese Extremposition schadet. Wieviel Erfolg kostet Sie diese Spielweise im Wettkampf? Schreiben Sie sich die negativen Punkte ruhig einmal auf. Drittens sollten Sie sich vornehmen, eine ausgeglichenere Spielweise anzustreben. Geben Sie sich selbst sechs Monate Zeit, um größere Fortschritte zu erkennen. Entwicklung ist im allgemeinen langwierig und schwierig.

Es ist wichtig, daß Sie sich bestimmte Handlungen, die die Veränderungen deutlich machen, vornehmen und während des Matches auch durchführen. Hier einige Beispiele: Der »Insichgekehrte« könnte sich vornehmen, bei Linienentscheidungen lauter zu rufen, nach einem guten Schlag hin und wieder laut »Ja« zu sagen sowie aufrechter zu stehen und den Kopf hoch zu tragen. Dagegen könnte der »Spaßvogel« sich entscheiden, außer den Spielstand eine Zeitlang nichts zu kommentieren.

Seien Sie selbst Ihr größter Fan

Eine weitere extreme Position nimmt der Selbstbeschimpfer ein – der Spieler, der ständig nach jedem verlorenen Punkt mit sich schimpft. Manchmal läßt er selbst dann kein gutes Haar an seiner eigenen Person, wenn er gewinnt und gut spielt.

Warum scheint die Spielweise des Selbstbeschimpfers so sehr von seiner negativen und kritischen Haltung abzuhängen? Ein grundlegendes psychologisches Prinzip lautet: Jedes Verhalten hat einen Zweck. Der Spieler handelt, denkt und spricht negativ, weil es einem Zweck dient. Auf die eine oder andere Weise ist es eine Rückversicherung für ihn, negativ zu sein. Wäre diese negative Einstellung nicht irgendwie nützlich, würde sich der Spieler nicht so verhalten. In manchen Fällen spielt der Selbstbeschimpfer bei einer negativen Einstellung tatsächlich besser, als wenn er sich positiv gäbe, weil er gelernt hat, so mit dem Wettkampfdruck umzugehen. Das Problem ist, daß der Spieler anscheinend nervöser wird, wenn er positiv bleibt.

Wenn Tennisspieler Wettkämpfe bestreiten, dann beginnen sie bewußt wie auch unbewußt Strategien auszuprobieren, die es ihnen ermöglichen, ihre Nerven unter Kontrolle zu behalten. Die meisten Spieler entdecken schnell, daß der Druck kleiner wird, wenn man pessimistisch ist. Diejenigen, die auf dem Platz übermäßig negativ sind, werden selten nervös. Sie haben eine Strategie erlernt, mit deren Hilfe sie ihre Nervosität kontrollieren können. Deswegen fühlen sie sich oft unwohl und spielen schlecht, sobald sie versuchen, positiv zu sein. Wenn man sich positiv einstellt und sich selbst sagt, »ich kann es«, dann erhöht das oft den Druck. Andererseits nehmen negative Gefühle, wie »das schaffst du nie« oder »du taugst nichts«, den Druck weg. Diese Spieler erwarten nichts von sich selbst, weil sie eben schlecht sind. Die Konsequenz daraus ist, daß sie dann weniger nervös sind, ehe sie aufschlagen oder retournieren. Mit der Zeit werden diese negativen Verhaltensmuster äußerst resistent gegen Veränderungen, ganz besonders bei solchen Personen, die hochgradig wettkampforientiert sind. Trotz allen Drängens und sogar Drohens seitens der Trainer oder Eltern dauert das negative Verhalten an, weil es funktioniert. Aber meistens klappt es nur bis zu einem bestimmten Punkt.

Durch eine negative Haltung reduziert sich vorübergehend der Druck. Aber diese Strategie untergräbt so viele andere äußerst wichtige Leistungsfaktoren, daß ein langfristiger Erfolg kaum möglich ist. Aus der Sicht des Beobachters ist die Lösung ganz einfach: Zeige einfach eine positivere Einstellung, und du wirst großartig sein. Das trifft natürlich zu, aber die Angelegenheit ist für die meisten Menschen viel schwieriger und komplizierter.

Ich habe folgende Vorschläge für Selbstbeschimpfer:

- Begreifen Sie erst einmal, daß Sie so negativ sind, weil es den Druck reduziert. Solange Sie sich selbst gestatten, mit dieser Strategie den Druck zu reduzieren, wird Ihre Entwicklung blockiert sein, und Ihre Fähigkeiten als Tennisspieler werden sich niemals vollständig entwikkeln können. Ebenso wichtig ist die Tatsache, daß Ihnen der Spaß am Tennis verdorben wird.
- Es wird einige Mühe kosten und länger dauern, Ihre negativen Reaktionen in positive umzuwandeln. Während der Umlernphase sollte es für Sie viel wichtiger sein, die negative Einstellung aufzugeben als zu gewinnen. Kalkulieren Sie eine Portion Nervosität mit ein, wenn Sie versuchen, sich positiver zu geben. Ab und zu werden Sie nicht so gut spielen, und Sie werden sich unbehaglich fühlen, aber das wird Sie zwingen, mit Druck konstruktiver und positiver umzugehen. Zum Beispiel werden Sie lernen, wie Sie das Gefühl der Herausforderung einsetzen können und wie man kämpft, indem man seine positiven Emotionen einsetzt.
- Schreiben Sie alle Ihre negativen Reaktionen, die Sie auf dem Court erleben, einmal auf einen Zettel, und zwar so detailliert wie möglich. Zum Beispiel: Ich rolle mit den Augen und schüttle den Kopf, wenn ich einen Fehler mache. Dann schreiben Sie für jede negative Reaktion

eine positive Alternative auf. Beispiel: Ich richte meinen Blick geradeaus vor mich und halte meinen Kopf still. Achten Sie darauf, all Ihre negativen Selbstgespräche aufzuschreiben. Dann fertigen Sie eine Liste mit allem an, was Ihnen helfen könnte, wenn Sie es aussprechen. Zum Beispiel: »Vorbei ist vorbei« nach einem Fehler, »Beruhige dich, mach langsamer«, wenn Sie zu nervös sind, oder »Komm jetzt«, wenn Sie zu träge sind.

- Geben Sie sich selbst nach jedem Trainings- oder Wettkampfspiel eine Note. Seien Sie ruhig streng zu sich selbst, wenn Sie sich nicht an das halten, was Sie als positiv für sich bestimmt haben. Siege kommen, wenn die neue positive Einstellung zur Gewohnheit geworden ist. Erst dann werden Sie Ihr Potential als Spieler voll ausschöpfen können.

Es ist nicht alles nur im Kopf

Sie können eine Menge Dinge auf Nervosität zurückführen, aber das kann auch zu weit gehen. Spieler beschweren sich oft, daß das Verhalten der »Spaßvögel« für ihre Doppelfehler bei wichtigen Punkten verantwortlich ist. Ich verstehe, daß nichts einen Spieler mehr zur Verzweiflung bringen kann als Doppelfehler. Die meisten Spieler glauben, daß sie unter Druck nur deswegen ständig solche Fehler machen, weil sie so verkrampft sind. Es ist wichtig einzusehen, daß das Problem nicht nur ein mentales, sondern auch ein technisches sein kann. Wenn ein Schlag unter Druck ständig mißlingt, dann liegt es nicht am Kopf, sondern an der Schlagtechnik. Wenn Sie bei entscheidenden Punkten oft Doppelfehler machen, dann trainieren Sie wahrscheinlich Ihren zweiten Aufschlag sehr selten und haben niemanden, der Ihre Fehler korrigiert.
Ich würde Ihnen empfehlen, sich einen guten Trainer zu suchen und mit ihm an Ihrem zweiten Aufschlag zu arbeiten. Versuchen Sie einen Aufschlag mit viel Spin, der ziemlich viel Sicherheitsreserve hat, aber trotzdem aggressiv gespielt werden kann. Beherrschen Sie diesen Aufschlag erst einmal, sollte Ihr »mentales Problem« verschwinden.

3

Streßfaktoren

Wie Sie sich vor dem psychischen Druck schützen

In den vielen Jahren als Sportpsychologe habe ich in zahlreichen Sportarten gearbeitet. Unter anderem waren es Eishockey, Basketball, Football, Fußball, Turnen, Eiskunstlaufen, Golf, Schwimmen, Leichtathletik – sowohl Langstreckenlauf als auch Kurzstreckenlauf –, die meisten Rückschlagspiele und sogar Pistolenschießen, Bogenschießen und Boxen. Jede dieser Sportarten stellt ihre eigenen physischen und psychischen Anforderungen. In emotionaler Hinsicht ist Tennis meiner Meinung nach zweifellos die schwierigste Sportart.

Tennis – ein besonders druckvoller Sport

Wenn Sie alle für das Tennis relevanten Faktoren überprüfen, werden Sie die Gründe, weshalb Tennis einen derartigen »Druckkochtopf«-Effekt erzeugt, einsehen:

- Tennis ist eine Individualsportart. Individualsportarten erzeugen im allgemeinen für die Teilnehmer mehr Druck als Mannschaftssportarten.
- Es gibt keine Auswechselspieler und keine Auszeiten. Niemand kann Ihre Position so lange einnehmen, bis Sie sich wieder gefangen haben.
- Es darf nicht betreut und beraten werden. Außer bei Mannschaftsspielen, im Davis Cup oder im Federation Cup, kann Ihnen niemand helfen. Sie sind wirklich allein. Sie schaffen es oder auch nicht – ganz in eigener Verantwortung.
- Ihr Gegner entscheidet, ob der Ball gut oder im Aus ist. Sie können den Ball im wichtigsten Moment des Matches deutlich ins Feld spielen und trotzdem den Gegner »Aus« rufen hören; und Sie haben in der Tat keine Chance, wenn Sie den Ballabdruck nicht nachweisen können. All das setzt die Spieler ungeheuer unter Druck.
- Sie stehen einem realen, physisch existenten Gegner gegenüber. Anders als in vielen Individualsportarten wie Turnen oder Eiskunst-

laufen stehen Sie in der direkten Auseinandersetzung mit einer anderen Person. Diese Interaktion von Angesicht zu Angesicht erhöht die Druckdynamik enorm.

- Die Zählweise im Tennis ist so angelegt, daß Sie sich nie sicher fühlen können. Sie können sich nicht einen großen Vorsprung verschaffen und dann darauf warten, daß die Spielzeit abläuft. Es gibt keine Uhr, Sie sind jederzeit verletzbar.
- Die Dauer des Matches und die sich ständig verändernden Bedingungen können einen Spieler erschöpfen. Der Druck, sich über so lange Zeiträume konzentrieren zu müssen, ist außerordentlich groß. Leichte Veränderungen im Zusammenhang mit Wind, Beleuchtung, Belag, Geräuschen und Höhenlage des Spielortes können einen entscheidenden Einfluß auf die Spielbedingungen haben und bedeutsame psychische Barrieren aufbauen.
- Es gibt keine Möglichkeit, sich zu verstecken. Tennis spielt sich in einer deutlich sichtbaren Arena ab, wo alles, was Sie tun und sagen, zur öffentlichen Angelegenheit wird. Wenn etwas schiefgeht, bekommt das jeder mit.
- Eltern spielen meist am Anfang der jungen Tenniskarriere eine große Rolle. Wegen der komplexen Natur von Tennis und dem erheblichen Aufwand an Zeit und Geld auf dem Weg zum Erfolg sind Eltern sehr schnell zu stark engagiert. Es gibt kaum Faktoren, die einen fataleren Druck auf Spieler – insbesondere auf junge Spieler – ausüben, als der Druck, den Eltern erzeugen.
- Das Selbstwertgefühl ist überaus wichtig. Um im Tennis herausragende Leistungen zu zeigen, müssen Spieler früh beginnen und einen beträchtlichen Teil ihres Lebens dem Tennis widmen; Tennis wird zum Lebensinhalt. Damit wird es auch immer schwerer, die Ansicht aufrechtzuerhalten, es sei ja nur ein Spiel.

Selbst unter den besten Bedingungen kann Tennis hart sein. Jeder merkt früher oder später, daß dieses Spiel ihn irgendwie überfordert. Die Belastung, vor allem wenn professionell gespielt wird, kann auch den Stärksten in die Knie zwingen.
Genau das ist mit einem der vielversprechenden jungen amerikanischen Spieler geschehen. Marco Cacopardo galt immer als ein ausgezeichneter Turnierspieler. Er war einer der besten 16jährigen, der mit dem Druck bei Turnieren gut umgehen konnte. Aber auch Marco geriet unvermeidlich in eine Situation, die für ihn außergewöhnlich großen Druck brachte.
Alles begann bei der Qualifikation zum World Youth Cup im Juli 1986. Marco spielte gut und gewann seine Matches. Und dann geschah es wie aus heiterem Himmel. Als er das entscheidende Match um die Nominie-

Ohne mentale Stärke kann auch der technisch perfekteste Spieler der Welt wie Michael Stich nicht erfolgreich sein.

rung gegen Martin Blackman spielte, führte er 5:2 und 40:15 im dritten Satz bei eigenem Aufschlag. Plötzlich wurde er so nervös, daß er sich kaum bewegen konnte. Seine Muskeln verspannten sich, sein Herz raste, die Chemie der Angst beherrschte seine Physiologie.
Marco verlor den dritten Satz und das Match 5:7. Er gewann damals kein Spiel mehr, sobald er unter Druck stand.
Nach der Qualifikation fuhr Marco zu den Nationalen Hartplatz-Meisterschaften der 16jährigen. Er war als Nummer 6 gesetzt. Der Druck überwältigte ihn erneut. Marco verlor in der ersten Runde gegen einen ungesetzten Spieler in zwei Sätzen. »Ich konnte meinen Schläger einfach nicht festhalten«, meinte er. »Ich konnte meine Beine nicht bewegen. Ich fühlte mich wie gelähmt. Ich war nicht einmal mehr in der Lage, ›Aus‹ zu rufen. Ich öffnete meinen Mund und konnte nichts sagen. Ich hatte unglaubliche Angst.«
Nach dem Spiel fühlte sich Marco schlechter denn je. »Mir war, als müßte ich mit dem Spielen endgültig Schluß machen. Ich glaubte wirklich, ich könnte nicht mehr Tennis spielen. Meine Zukunft war hoffnungslos.«
Marcos Eltern waren Zeugen seines Leidens. »Wir hatten noch niemals so etwas gesehen«, sagte seine Mutter Sheila, »wir waren hilflos und sehr besorgt.«
Nachdem er sich mit seinen Eltern beraten hatte, strich Marco seine restlichen Spiele, erschüttert und verwirrt. Dann fuhr Marco heim nach Forest Hills und begann einen Prozeß des Neuaufbaus. Er sprach darüber, dachte nach und arbeitete an sich. Wenn ein Spieler auf so plötzliche und dramatische Weise sein Selbstvertrauen verliert, können Verwirrung, Selbstzweifel und sogar Schuldgefühle verheerend sein. Marco formulierte es so: »Weder ich selbst noch Tennis schienen wie vorher zu sein. Es war, als ob ich die Fähigkeit, Tennis zu spielen, verloren hätte, und Tennisspielen machte mir keinen Spaß mehr.«
Was Spaß, Herausforderung und Erregung gebracht hatte, wurde plötzlich bedrohlich und beängstigend. In einer derartigen Situation werden Trainer, Eltern und besonders gute Freunde dringend gebraucht. Ohne Hilfe und Perspektiven von außen können Spieler aufgrund solcher Episoden monatelang ziellos umherdriften. Ich habe Spieler kennengelernt, die jahrelang stagniert haben, und zwar aufgrund einer Situation, die sie als persönliches Versagen wahrgenommen und schlecht verarbeitet hatten.
Was hat Marco getan, um psychisch wieder ins rechte Lot zu kommen? Das wichtigste war vielleicht, daß Marco mit seinen Trainern, Eltern und besonders guten Freunden offen gesprochen hat. Die Trainer an der Nick Bollettieri Tennis Academy, wo er trainierte, konnten seinen Kampf deutlich wahrnehmen. Glücklicherweise hat Marco nicht versucht, das Geschehene in sich zu verschließen oder sich nicht einzugestehen, wie

es viele Spieler tun. Tennisspieler sind oft sehr darauf bedacht, anderen keinen Kratzer an ihrer »Schale« zu zeigen. Deshalb vertuschen sie jede Schwäche oder jeden Makel und versuchen, sich alleine durchzubeißen. Grundsätzlich ist das die schlechteste persönliche Strategie, die ein Spieler anwenden kann. Vielmehr ist es notwendig, das Ereignis aus einer neuen Perspektive zu betrachten. In Marcos Fall hieß das, die Bedeutung der World Youth Cup Qualifikation und der Nationalen Jugendmeisterschaften neu zu bewerten. Er brauchte Unterstützung, Ermutigung und eine neue Einordnung dieser Ereignisse. Die beste Chance dafür war gegeben, als er sich öffnete und die Dinge mit einigen nahestehenden Personen besprach.

Eltern spielen eine Schlüsselrolle bei der geeigneten Bewältigung derartiger Situationen. Marcos Eltern taten genau das Richtige. Sie nahmen den Druck völlig weg: Sie hörten zu, verstanden, akzeptierten und verurteilten zu keinem Zeitpunkt. Obwohl sie nicht verstanden, was vorging, hielten sie sich an Marcos subjektive Eindrücke. »Wir sagten ihm, uns sei recht, was immer er tun wolle. Wenn er kein Tennis spielen wolle, so sei das für uns in Ordnung; wir wollten nur, daß er gesund und glücklich wäre.«

Nach dieser schmerzlichen Niederlage versuchte Marco, zu folgender Perspektive zu gelangen. Vielleicht sollten Sie ähnlich vorgehen, wenn es einmal nicht so läuft, wie es sollte:

»Was mir passiert ist, war normal, voraussehbar und natürlich. Es ist geschehen, weil ich wahrscheinlich zuviel wollte, Tennis mir zuviel bedeutete und nicht, weil ich zuwenig engagiert war. Es zeigt, daß ich auch nur ein Mensch bin, allerdings jemand, der starke emotionale Risiken mit sich selbst eingeht. Es bedeutet, daß mir Tennis wirklich wichtig ist, und das ist ein großes Plus.

Was mit mir geschehen ist, war kein Versagen, sondern ein Lernprozeß, und zwar ein notwendiger Lernprozeß; kein Schritt zurück, sondern ein Riesenschritt vorwärts in Richtung auf ein besseres Selbstverständnis und mentale Stärke.

Wie ich von nun an mit den Niederlagen umgehen werde, ist viel wichtiger als die Niederlagen selbst. Die Bedeutung dieser Niederlagen ist für meine Gesamtkarriere wahrscheinlich gleich Null.

Ich habe die Kontrolle über mein Spiel einfach deswegen verloren, weil ich die Kontrolle über meine Biochemie verloren habe. Die Chemie der Angst hat mich zu sehr bestimmt. Ich muß und werde lernen, meine Emotionen geschickter zu kontrollieren. Ich brenne darauf, es erneut zu versuchen – und zwar nicht mit Angst, sondern mit Spaß, Genuß und dem Gefühl der Herausforderung ...

Ich habe eine Menge gelernt, und ich bin zum nächsten Schritt bereit. Trainer, schick mich auf den Platz!«

Marcos Selbstvertrauen kehrte langsam wieder zurück. Zwei Wochen später traf er auf Daniel bei den Nationalen Sandplatzmeisterschaften. Aber diesmal besiegte er den »inneren Schweinehund«. Er kam bis zum Viertelfinale, und nach seinen eigenen Aussagen spielte er großartig. »Ich habe einfach beschlossen, auf den Platz zu gehen, mein Bestes zu geben und Spaß zu haben«, sagte er. »Wenn ich in der ersten Runde verloren hätte, wäre es auch in Ordnung gewesen, wenn ich nur mein Bestes gegeben hätte.«

Marco hat Respekt entwickelt für die Tiefschläge, die Tennis mit sich bringen kann. Um oben zu bleiben, muß man hart an sich arbeiten. Seltsamerweise sind es aber gerade diese mentalen Herausforderungen, die Tennis zu einem so großartigen Spiel machen.

Völlig ausgebrannt sein

Marco Cacopardo schaffte es, seine Angst in wenigen Wochen zu bewältigen. Andere Spieler waren nicht so glücklich dran.

Howard Schoenfield war einmal das Paradebeispiel für Erfolg im Tennis. 1975 hat er jedes Jugendturnier, an dem er teilgenommen hat, gewonnen. Er war die Nummer 1 der Jugendweltrangliste der 18jährigen. Alle, die ihn spielen sahen, meinten, er würde bestimmt einmal ein großartiger Spieler werden. Er hatte das Zeug dazu. Trotz dieser Zukunftsaussichten hat Howard mit dem Tennis aufgehört und neun Jahre lang keinen Schläger angerührt. Er hat lange Zeit unter emotionalen Konflikten, Unklarheit und Selbstzweifeln gelitten. »Der Druck war für mich zu groß«, erinnert er sich. »Ich bin damit nicht fertig geworden. Spaß und freudige Erregung waren mir abhanden gekommen.«

Um Eltern und Kindern zu helfen, mit dem Druck im Jugendtennis umzugehen, hat Howard Schoenfield, der jetzt Trainer ist, das folgende Interview gegeben:

Frage Können Sie aufgrund Ihrer eigenen Erfahrungen angeben, wieviel Druck Ihrer Meinung nach im Jugendtennis auf den jungen Spielern lastet? Der Druck kann verheerend sein. Woher kommt er?

Antwort *Ich denke, der größte Teil rührt von dem Geld her, das es heute beim Tennis zu verdienen gibt. Aber noch mehr Druck kommt von den Leuten, die am Tennis beteiligt sind.*

Tennis erzeugt ziemlich hohen Wettkampfstreß, wie man an Thomas Muster sehen kann. Die Kontrolle der Emotionen ist der Schlüssel zum Umgang mit Streß.

Frage Inwieweit war Jugendtennis in Ihrem Leben ein Teil der Probleme des Erwachsenwerdens?

Antwort *Der Druck im Tennis hatte einen großen Anteil daran; es gab dort allerdings keinen Fluchtmechanismus. Ich konnte mich an niemanden wenden. Es gab keine Möglichkeit, Dampf abzulassen; es gab niemanden, der gesagt hätte: Mensch, das ist nur ein Spiel. Der Druck hat sich immer mehr gesteigert, und dann braucht man jemanden, der einen zu sich selbst zurückführt. Wenn man Tennis aus der Distanz betrachtet, dann ist es ein albernes Spiel, eigentlich ziemlich unbedeutend im Hinblick auf Leben und Tod. Ein guter Mensch zu sein, mit sich selbst zufrieden zu sein, das Leben zu lieben, das sind doch die Dinge, die wichtig sind. Wie fühlt man sich tief drinnen? Wie sehen Selbstwertgefühl und Selbstachtung aus?*

Frage 1975 waren Sie die Nummer 1 der Jugendweltrangliste. Sie haben seinerzeit jedes Turnier gewonnen. Haben Sie in jenem Jahr den größten Druck empfunden?

Antwort *Ja, denn man erwartete von mir, daß ich immer gewinne, daß ich diesen Standard beibehalten würde. Diese Art Druck kann so ungeheuer groß werden, wenn Sie nicht die richtige Unterstützung haben oder wenn Sie so strukturiert sind, daß Sie damit nicht allein fertig werden und die ganze Situation in die richtige Perspektive rücken können. Den Ball auf dem Tennisplatz zu treffen ist nicht das Wichtigste im Leben, aber es kann einem so vorkommen. Man ist doch die gleiche Person, wenn man den Platz betritt und wenn man ihn verläßt, egal ob man gewinnt oder verliert. Die eigene Person sollte nicht jedesmal dabei in Frage gestellt werden.*

Frage War Ihr Selbstwertgefühl völlig ans Tennis gekoppelt?

Antwort *Es gab nichts anderes mehr. Was ich war, war ich aufgrund meiner Leistungen im Tennis. Wenn ich auf den Platz hinausging, war das mein Ego. Wenn ich verloren hatte, war ich ein Niemand.*

Frage Wie kann man vermeiden, daß das passiert?

Antwort *Lassen Sie den Jugendlichen wissen, daß Sie ihn lieben, egal ob er gewinnt oder verliert. Wenn Eltern diesen Punkt nicht begreifen, wird der Jugendliche schnell frustriert werden. Er wird Angst haben. Wie oft übergibt sich ein Spieler,* *ehe er auf den Platz geht – aus Angst? Das Ganze kann völlig aus den Proportionen geraten. Die Rolle der Eltern muß auf seiten des Kindes sein. Machen Sie ja nicht das Leben Ihres Kindes davon abhängig, wie es einen gelben Ball über das Netz schlägt. Eltern und Trainer denken manchmal, daß niemand in diesem Spiel psychisch verletzt werden kann. Du lieber Gott, es gibt Narben, wo immer man hinschaut. Ich meine, ich habe neun Jahre gebraucht, darüber hinwegzukommen.*

Frage Wie steht's mit den Eltern?

Antwort *Ich denke, 99 Prozent der Eltern wollen wirklich helfen. Eltern wollen ihre Kinder nicht bedrängen. Sie wissen, daß es in diesem Spiel auf allen Ebenen Druck gibt – ob ein Kind nun vor den Eltern bei einem Clubtraining spielt oder auf Landesebene.*

Frage Ist der Druck im ersten Turnier größer als bei den Nationalen Meisterschaften?

Antwort *Ich weiß es nicht. Ein Kind, das sein erstes Turnier spielt, während Eltern und Freunde zuschauen, unterliegt großem Druck. Die Eltern wollen gute Tenniseltern sein. Aber man wird damit nicht geboren, man muß daran arbeiten. Selbst wenn ein Kind niemals Tennis spielt, wird es Probleme geben. Mit zwanzig und dreißig hat man manchmal emotionale oder persönliche Probleme, mit denen man fertig werden muß. Tennis vergrößert sie noch und baut zusätzlichen Druck auf. Wenn die Dinge nicht richtig laufen, kann man ein Kind zermalmen. Eltern meinen oft, das könne nicht geschehen. Das sind gerade diejenigen, die besser ihre Augen aufmachen und sich umsehen sollten. Es kann jedem passieren.*

Frage Hat ein Trainer, der manchmal ziemlich hart mit den Spielern umgeht, eine weniger verheerende Wirkung als die Eltern?

Antwort *Der Trainer muß oft der »Böse« sein. Der Trainer kann bis zu einem gewissen Grad ein Freund des Kindes sein. Er muß es respektieren und ihm vertrauen, er sollte ihm allerdings nicht zu nahestehen. Er muß die Zügel in der Hand behalten. Er darf das Kind nicht erdrücken. Er muß wissen, was wichtig ist und was nicht. Er sollte im Auge behalten, daß das Leben des Kindes das Wichtigste ist. Hat es* *wirklich Spaß? Denn diese Jahre kann ein Kind niemals zurückbekommen. Man kann einfach nicht mehr zurück. Wir wissen erstmals, wie hart dieses Spiel wirklich ist, wenn Jugendliche uns plötzlich den Rücken kehren. Dieses Spiel kann eine verheerende Wirkung haben.*

Frage Welche Rolle sollten Eltern beim Tennis spielen?

Antwort *Die Eltern sollten die Kinder eher unterstützen und ihnen Halt geben als sie zu trainieren oder zu betreuen. Ich glaube, wenn ein Elternteil sich nicht daran hält, dann beginnen die Probleme. Und sie wachsen, wenn der Spieler mehr und mehr Erfahrung sammelt. Ich denke, es gibt nur wenige Fälle, in denen man eine enge Eltern-Kind-Beziehung haben kann und außerdem eine Beziehung als Trainer und Betreuer. Eltern haben elterliche Aufgaben: Sorge, Liebe und Disziplin. Diese Eigenschaften braucht eine solche Beziehung, um zu funktionieren. Wenn ein Kind wegen schlechten Benehmens auf dem Platz diszipliniert werden muß, dann sollte ein Trainer diese Aufgabe übernehmen; das heißt natürlich nicht, daß Eltern ihre Kinder nicht zur Ordnung rufen sollten, wenn sie ihr Zimmer nicht aufräumen oder ähnliches. Das ist eine ganz gewöhnliche elterliche Verhaltensweise. Aber wenn ein Elternteil im Tennis solche Maßnahmen übernimmt, dann wird er oder sie zum »Bösen« in der Tennisatmosphäre, und das erzeugt einen enormen Druck für das Kind, weil es sich nun an keinen wenden kann. Ich glaube, daß Eltern ihr Kind im Tennis lediglich unterstützen sollten. Ihre Hauptsorge sollte sein: Hat das Kind Spaß? Denn wenn der Spaß beim Tennis aufhört, ist es vorbei. Es ist für das Kind als Mensch und als Spieler vorbei.*

Frage Glauben Sie, daß der Druck in Ihrer Jugend anders als jetzt war?

Antwort *Ich denke, er ist jetzt noch größer. Die Leute sehen viel Geld am Ende des Weges. Sie machen sich nicht klar, daß es nur ein paar Prozent aller Spieler sein werden, die diese Schätze am Ende des Weges erreichen. Es ist fast unmöglich. Warum sollte man ein Individuum ruinieren, wenn die Chancen so gering sind? Anstatt darauf zu schauen, was mein Sohn oder meine Tochter leisten kann, sollte ich mich lieber damit beschäftigen, ob dieses Individuum zufrieden mit sich selbst ist und ob es Freude hat.*

Frage Wenn Sie eine Geschichte schreiben müßten über die Wirkung, die Jugendtennis auf Ihr Leben hatte, wie würde diese Geschichte aussehen?

Antwort *Ich würde sie nicht negativ schreiben. Es ist ein großartiges Spiel, eine großartige Sportart. Meine Probleme entstanden durch mich und die Umstände. Zur gleichen Zeit schafften es andere völlig unversehrt, hatten tolle Karrieren und viel Freude. Es macht mir jetzt mitunter Spaß, Tennis zu spielen, und ich genieße es, wieder in diesem Bereich tätig zu sein.*

Streßfolgen

Wir haben jetzt zwei Fälle betrachtet, bei denen talentierte Spieler infolge von psychischem Druck mit dem Tennissport aufgehört haben. Sind die Streßeinflüsse immer negativ? Woher kommt Streß? Was sind die Folgen? Wer wird voraussichtlich zum Opfer?

Wenn man diese schwierigen Fragen anpacken will, muß man verstehen, daß das körperliche Training kontrollierte Dosen von körperlichem Streß mit sich bringt, die zu einem höheren Niveau an Fitneß, Stärke und Beweglichkeit führen. Emotionales Training, auf das ich mich als »Training der mentalen Stärke« beziehe, bringt kontrollierte Dosen an emotionalem Streß, was zu größerer emotionaler Stärke, Kontrolle und Fitneß führt. Eine typische Übungseinheit mit Drills, Zwei-gegen-einen-Übungen, Laufübungen an der Grundlinie von einer Ecke zur anderen und so weiter ist im wesentlichen körperlicher Streß. Ein Turnier hingegen erzeugt körperlichen *und* emotionalen Druck.

Kontrollierte Dosen von Streß sind akzeptabel, solange man damit umgehen kann. Zuviel körperlicher Streß ist mit Verletzungen, Müdigkeit, Zusammenbruch von Techniken und interessanterweise mit einer ganzen Anzahl emotionaler Probleme verbunden. Zuviel emotionaler Streß ist mit emotionalen Zusammenbrüchen verbunden, häufig wird dieser Umstand auch als »Ausgebranntsein« bezeichnet. Probleme bezüglich Einstellung, Motivation, Selbstvertrauen und Stimmung sowie Depressionen sind die normalen Konsequenzen von zu großer emotionaler Belastung.

Zu großer emotionaler Streß ist auch mit erhöhtem Verletzungsrisiko und einer Schwächung des Immunsystems in Zusammenhang gebracht worden, was die Abwehrkräfte des Körpers gegenüber Infektionen und Krankheiten herabsetzt.

Emotionaler Streß ist eine biochemische Reaktion des Körpers im fundamentalen Bereich und kein äußeres Geschehen. Es sind nämlich nicht der starke Wind, die ungerechten Entscheidungen oder das Turnier selbst, die Streß bringen, wie die meisten Leute annehmen – vielmehr ist es die biochemische Reaktion auf das Ereignis, das den Grad an Streß bestimmt; und das hängt davon ab, wie Sie das Ereignis wahrnehmen. Wenn Sie ein Ereignis als bedrohlich wahrnehmen, dann werden Sie wahrscheinlich unter hohem Druck stehen; nehmen Sie es aber als erfreulich wahr, wird wenig Streß aufkommen.

Trainer, bei Jugendlichen natürlich auch die Eltern, sollten zwei wichtige Dinge verstehen. Erstens: Zum emotionalen Training gehört auch, den Spieler neuen und damit möglicherweise bedrohlich erscheinenden Ereignissen auszusetzen. Lehren Sie den Spieler, wie er diese Ereignisse wahrnehmen und wie er darauf reagieren könnte, so daß sich seine Streßhormone nicht entscheidend erhöhen. Zweitens: Die emotionale Bedeutung eines Ereignisses für einen Menschen läßt sich am Grad seiner Nervosität, seines Ärgers, seiner Angst, seiner Depressionen sowie an seinem selbstkritischen oder negativen Verhalten erkennen. Das gleiche Ereignis kann für den einen extremen Streß bringen, für jemand anderen dagegen überhaupt keinen.

Was bedeutet Ausgebranntsein? Es ist ganz einfach die Folge von extremer Belastung, und zwar sowohl körperlich als auch emotional: »Die Batterie ist leer.« Mental erschöpft oder ausgebrannt ist ein Spieler, der zu lange physisch belastet worden ist, oder der über einen längeren Zeitraum zu viel psychischen Druck empfunden hat. Wenn ein Spieler zum Beispiel zu viele Turniere hintereinander spielt, kann das häufig zu einer vorübergehenden allgemeinen Erschöpfung führen; zu viele Turniere und zu viel Druck über viele Jahre hinweg können zu permanenter Erschöpfung führen.

Untersuchungen darüber deuten darauf hin, daß sich die Wirkungen auf verschiedenen Ebenen zeigen. In der ersten Phase beginnen der Enthusiasmus und die Energie abzunehmen. Der Spieler zeigt häufiger Ermüdungserscheinungen und ist reizbarer als gewöhnlich. Die ersten physischen Symptome sind leichte Magenverstimmungen, allgemeine körperliche Beschwerden und Kopfschmerzen. In dieser ersten Phase essen Spieler oft zu viel oder zu wenig.

Für die zweite Phase sind zwei Verhaltensweisen charakteristisch: sich zurückziehen und Ärger zeigen. Als Resultat kann man eine Verminderung des Selbstwertgefühls, geringere Energie und weniger Freude am Tennis überhaupt beobachten. Länger anhaltende Erkältungen oder sogar grippale Infekte, starke Ermüdung, Schlafschwierigkeiten und plötzliche Gewichtszunahme oder -abnahme sind oft die körperlichen Symptome.

Die dritte Phase bringt einen anhaltenden Verlust von Selbstvertrauen und Selbstwertgefühl, begleitet von starker Depression, Entfremdung und Zurückgezogenheit. In dieser Phase haben die Spieler buchstäblich keine Energie, keinen Enthusiasmus, und sie haben echte Schwierigkeiten, über das, was in ihnen vorgeht, zu sprechen.

Manche Jugendliche sind für solche Reaktionen natürlich anfälliger als andere, und damit ist das Risiko bei ihnen größer. Jugendliche, die häufiger unter den Symptomen des Ausgebranntseins leiden, entwickeln oft ähnliche Persönlichkeitsmerkmale. Auf die anfälligsten Jugendlichen paßt das folgende Profil: hochmotiviert, perfektionistisch, übermäßig leistungsorientiert, stark beeinflußt von dem, was sie vermeintlich unbedingt tun oder erreichen sollten oder müßten, starkes Bedürfnis nach Anerkennung und Zuwendung, sehr empfindlich gegenüber Kritik. Es ist fast eine Ironie, daß das oft die gleichen Jugendlichen sind, mit denen Trainer liebend gern arbeiten. Sie sind eifrig darum bemüht, es jedem recht zu machen, sie sind nie aufsässig und außerdem hochgradig motiviert.

Jugendliche, die ihr Zuhause verlassen, um in einem Tennisinternat zu trainieren, sind stärkeren Belastungen ausgesetzt, was zu Streß führen kann. 1988/89 sind über einen Zeitraum von 18 Monaten Daten von drei verschiedenen Gruppen von Spielern im Zusammenhang mit Streß erhoben worden: Schüler, die ständig im Internat lebten, Schüler, die nur tagsüber im Internat waren, und Schüler, die zu Hause wohnten und von ihrem Heimtrainer betreut wurden. Von den drei Gruppen erlebten die ständigen Internatsschüler den größten Streß und zwar aufgrund der fehlenden persönlichen Freiheit, des fehlenden Privatlebens, der fehlenden Zeit für sich selbst sowie andere Aktivitäten neben dem Tennis und der fehlenden persönlichen Betreuung. Schüler der dritten Gruppe, die zu Hause lebten und mit einem Heimtrainer arbeiteten, erlebten weniger Streß als die erste Gruppe, aber mehr als die Tagesinternatsschüler. Für diese Gruppe waren die stärksten Streßfaktoren tennisbezogen: zu wenig gute Spieler zum Trainieren, zu wenig Fortschritt, geringes Selbstvertrauen und zu geringe Gesamtleistung. Die Gruppe derjenigen, die tagsüber ein Tennisinternat besuchten, erlebten den geringsten Streß. Für diese Schüler war der größte Streßfaktor, daß sie zu wenig Zeit zum Spielen hatten.

Obgleich das ständige Internatsleben emotional die größte Herausforderung darstellt, scheinen die meisten Jugendlichen diesen Zustand anzustreben. Aufgrund meiner Erfahrung hat ein Jugendlicher, der Streß gut bewältigt, folgendes Profil: Er ist 14 bis 17 Jahre alt, hochgradig motiviert, unabhängig und selbstbestimmt; er setzt sich hochfliegende, aber realistische Ziele, trainiert hart und ist diszipliniert; er kann nein sagen und ist oft sehr bestimmt, kommt gut mit seinen Kameraden aus, aber ist nicht

Das beste Beispiel für den sinnvollen Aufbau und die konstante Entwicklung eines jungen Spielers zum Spitzenspieler ist Pete Sampras.

darauf aus, beliebt zu sein; er ist emotional stabil (nicht empfänglich für Launenhaftigkeit oder Depressionen); er hat Eltern, die ihn unterstützen, aber nicht antreiben, und er hat gute technische Grundlagen.

Zehn Tips zur Streßbewältigung für Junioren

1. *Hüte dich vor physischem Übertraining. Du sollst wissen, daß genug genug ist.*
2. *Trainiere kürzer, aber sehr intensiv. Mehrere kürzere intensive Trainingseinheiten sind besser.*
3. *Sieh die Pausen zwischen Trainingseinheiten oder Matches als Teil des Trainings an. Entspannung und Regeneration sind genauso wichtig wie das Training selbst.*
4. *Spiele nicht zu viele Turniere nacheinander. Es ist äußerst wichtig, sich zwischen den einzelnen Phasen von physischem und emotionalem Streß auszuruhen.*
5. *Achte auf deine Streßsignale. Kontrolliere deine »innere« Anzeige für zunehmende Anspannung. Wenig Energie, Launenhaftigkeit, Verlust von Humor, Schlafstörungen, hartnäckiger Schnupfen oder ständige Schmerzen sind deutliche Anzeichen.*
6. *Lerne, nein zu sagen. Laß die Leute ruhig wissen, wenn du genug hast.*
7. *Arbeite daran, Tennisturniere nicht als Bedrohung, sondern als Herausforderung zu erleben. Merke dir, daß die Situationen selbst nicht mit Angst oder Streß belastet sind – die Menschen sind es. Es ist deine Wahrnehmung einer zweifelhaften Schiedsrichterentscheidung oder einer Niederlage gegen jemanden, gegen den du nicht verlieren sollst, die den Streßmechanismus auslöst.*
8. *Überprüfe deinen Streßzustand täglich. Mache dir eine Tabelle und bewerte deinen physischen und psychischen Streßzustand auf einer Skala von eins bis zehn. Je näher du an die Zehn in einer der beiden Kategorien herankommst, um so wichtiger ist es zu entspannen.*
9. *Probier einmal etwas Neues und Kreatives im Training. Langeweile bringt auch Streß.*
10. *Stell dein Glück nicht bis zu dem Zeitpunkt zurück, an dem jenes ganz besondere Ziel erreicht ist. Wäre alles die Mühe wert gewesen, wenn der heutige Tag der letzte wäre, an dem du Tennis spielen könntest? Wenn du diese Frage mit nein beantwortest, stimmt etwas nicht.*

Eltern – starke positive Motivatoren

Welche Rolle spielen Eltern im Zusammenhang mit Streß bei Jugendlichen? Und was können Mütter und Väter tun, um Erfolg und Glück ihres Kindes beim Tennis zu gewährleisten?
Eltern können ihre Kinder auf den Weg zum Erfolg im Tennis führen, wenn sie in einem frühen Entwicklungsstadium des Kindes Interesse und Enthusiasmus für den Tennissport anregen. In einer Untersuchung von Gian und Chander Sahota hat sich herausgestellt, daß Eltern, die mit ihren Kindern zu Anfang eine Menge Zeit beim Tennis und beim Bälleschlagen oder mit kleinen Spielen verbringen und so mit den Kindern ganz einfach Spaß haben, die besten Voraussetzungen für Höchstleistungen schaffen. Indem sie Zeit investieren und selber Spaß haben, regen Vater und Mutter die Kinder an und verstärken deren Motivation erheblich. Die Eltern wecken so in den Kindern den Willen, etwas zu leisten. Wenn eine fröhliche und freudige Atmosphäre entsteht, wirkt das besonders motivierend. Ist das Feuer erst einmal entflammt, dann sollten die Eltern jedoch eine etwas distanziertere Rolle spielen. Denn wenn sie zu sehr in der Nähe bleiben, kann es leicht passieren, daß diese Flamme erstickt. Die Motivation sollte in dieser zweiten Phase von Kameraden und Trainern und natürlich aus dem Inneren des Kindes kommen. Die Rolle der Eltern ist es jetzt, das Kind aus der Entfernung zu unterstützen.
Manche Kinder sind sehr streßempfindlich auf dem Tennisplatz. Solche hochängstlichen Kinder haben die geringste Chance, Höchstleistungen zu bringen. Sie werden oft schon im Jugendtennis Opfer unserer wettkampforientierten Welt. In der Regel wird ein Kind, das hochängstlich ist, weniger Spaß am Wettkampf haben, weniger erfolgreich sein und rascher dem Risiko des Ausgebranntseins unterliegen.
Wer im Tennis nach oben kommen will, muß seine Ängstlichkeit möglichst gering halten. Natürlich spielen Eltern die wesentliche Rolle bei der Entwicklung von Ängstlichkeitsmerkmalen. Aus diesem Grunde sollten Eltern überprüfen, ob das, was sie tun, die Tendenz zur Ängstlichkeit begünstigt. Mit Hilfe der Forschung konnten vier elterliche Verhaltensweisen identifiziert werden, die mit dem Erwerb von hochgradiger Ängstlichkeit eng verknüpft sind:

- Eltern, die auf den Einsatz von Angst, Bestrafung oder Liebesentzug bauen, vergrößern die Wahrscheinlichkeit, daß ihr Kind das Merkmal hochgradiger Ängstlichkeit entwickelt.
- Je härter ein Kind bestraft wird, um so eher wird es eine hochgradige Ängstlichkeit entwickeln.

Herb und Aaron Krickstein beraten sich. Eltern können die Leistungsmotivation fördern, wenn sie eine Atmosphäre von Freude und Unterstützung erzeugen.

- ○ Inkonsequentes elterliches Verhalten lassen das Kind in bestimmten Situationen unsicher und ängstlich werden. Ein Beispiel: Vor dem Match sagen Eltern ihrem Kind, daß Bemühen und Einstellung das Allerwichtigste sind. Aber dann verhalten sie sich während des Matches und hinterher so, daß deutlich wird, daß Gewinnen doch das Entscheidende ist.
- ○ Einschränkende elterliche Maßnahmen beschneiden das Kind in seinen Möglichkeiten, mit neuen oder anderen Situationen fertig zu werden. Das bedeutet, je länger die Liste von Dingen ist, die das Kind nicht tun soll (es soll nicht mit dieser Person Tennis spielen oder nicht in jenem Club trainieren, oder es soll nicht an jenem Turnier teilnehmen usw.), um so mehr wird Ängstlichkeit zum Problem.

Des weiteren wurde folgendes festgestellt: Eltern von hochgradig ängstlichen Kindern hielten mit größerer Wahrscheinlichkeit eine Belohnung oder ein Lob zurück, wenn die Kinder gute Leistungen brachten; sie neigten eher dazu, ihre Anspannung oder Beunruhigung in negativer Weise zu zeigen; sie ließen sich positive Emotionen oder Begeisterung eher weniger anmerken; und sie tendierten weniger dazu, auf Äußerungen der Verunsicherung einzugehen. Zweifellos haben Eltern also großen Einfluß auf zukünftige Erfolge oder Mißerfolge ihres Kindes.

Elterliche Vorsichtsmaßnahmen

- ▷ *Versichern Sie sich, daß Ihr Kind Spaß am Tennis hat. Verbringen Sie soviel Zeit wie möglich damit, kleine Spielchen miteinander zu machen, und lachen Sie dabei und genießen Sie das Spiel. Wenn Sie bislang noch nicht Tennis gespielt haben, können Sie es lernen, indem Sie mit Ihrem Kind zusammen Bälle schlagen.*
- ▷ *Spielen Sie die Bedeutung von Wettkampferfolgen herunter und betonen Sie statt dessen, wie wichtig Spaß und Bemühen sind. Seien Sie sensibel für die Reaktionen wie Angst oder dem Gefühl der Bedrohung bei Ihrem Kind. Wenn Turniere bedrohlich erscheinen, dann verzichten Sie so lange darauf, bis Ihr Kind reif dafür ist und selbst teilnehmen möchte.*
- ▷ *Wenn Sie erst einmal den Grundstein erfolgreich gelegt haben und Ihr Kind stark motiviert ist und gute Fortschritte in der Entwicklung seiner Schläge macht, dann sollten Sie anfangen, sich zurückzuziehen.*
- ▷ *Setzen Sie keinesfalls Mittel der Angst oder Bestrafung ein, damit Ihr Kind im Spiel das macht, was Sie für gut halten. Sie sollten, außer wenn das Kind schummelt oder sonst unfair ist, immer positive Gefühle zeigen.*

▷ *Seien Sie konsequent. Sagen Sie nicht das eine und tun dann das andere. Und lassen Sie nicht Ihre eigenen Bedürfnisse die Entwicklung Ihres Kindes beeinflussen.*

Streß erlebt jeder Tennisspieler

Emotionaler Druck und die Folgen sind am Beispiel von Jugendlichen besonders gut zu verdeutlichen. Aber Streß, Übertraining und Ausgebranntsein gelten auch für erwachsene Tennisspieler, und selbst auf der obersten Ebene des Tennisspiels ist Streßkontrolle ein wesentlicher Faktor für den Erfolg. Das zeigt das Beispiel Martina Navratilova. Vor Wimbledon hatte Martina 1987 noch kein Turnier gewonnen. Das Finale der Französischen Offenen Meisterschaften war besonders aufreibend gewesen. Bei 5:4 im dritten Satz und eigenem Aufschlag im Spiel gegen Steffi Graf wurde an zwei aufeinanderfolgenden Doppelfehlern deutlich, daß selbst eine Navratilova nur ein Mensch ist.
Streß ist auch die unvermeidliche Folge davon, daß man da draußen steht und aufs Ganze gehen will. Das Geheimnis heißt, den Streß unter Kontrolle zu halten, aber nicht dessen völlige Ausschaltung. Nur wenn Sie mit dem Tennisspielen aufhören, können Sie Streß auf dem Tennisplatz völlig ausschließen. Wirklich lösen läßt sich das Problem nur, wenn man seine Selbstkontrolle erhöht.
Wenn die Streßbelastung zu stark wird, dann steigert sich wie beim Jugendtennis das Risiko von geistiger und körperlicher Erschöpfung, Verletzungen und schlechten Leistungen ganz entscheidend. Um den Turnierstreß besser bewältigen zu können, muß man sich erst einmal über einiges klarwerden. Antworten auf die beiden folgenden Fragen führen oft zu wichtigen Einsichten:

Frage 1: *Wieviel Streß bringt das Match, das ich gerade spielen will, mit sich?*
Dazu sollten Sie die fünf folgenden Fragen beantworten und in die nebenstehende Werteskala einordnen.

1. Wie stark sind Sie motiviert?

niedrig ⇔ hoch				
1	2	3	4	5

2. Wie stark ist
Ihr Selbstvertrauen?

hoch ⟺ niedrig				
1	2	3	4	5

3. Wie wichtig ist für
Sie das Match?

wenig ⟺ sehr				
1	2	3	4	5

4. Wie schwerwiegend
wäre für Sie
eine Niederlage
oder schlechtes Spiel?

wenig ⟺ sehr				
1	2	3	4	5

5. Wie nervös sind
Sie normalerweise im
Match?

wenig ⟺ sehr				
1	2	3	4	5

Addieren Sie Ihre Punkte. Wenn Sie 18 oder mehr Punkte haben, dann brauchen Sie für derartige Spiele unbedingt ein emotionales Training. Wenn Sie sich für derartige Matches emotional nicht besonders vorbereiten, wird Ihr Streßniveau höchstwahrscheinlich sehr hoch sein.

Frage 2: *Wie stressig war das Match?*
Für die Antwort auf diese Frage gehen Sie genauso vor wie bei Frage 1.

1. Wie nervös waren
Sie während
des Matches?

wenig ⟺ sehr				
1	2	3	4	5

2. Wie oft haben Sie sich
während des Matches
geärgert oder waren
frustriert?

wenig ⟺ oft				
1	2	3	4	5

3. Wie nervös und angespannt waren Sie vor dem Match?

wenig ⟺ sehr				
1	2	3	4	5

4. Wie deprimiert oder aufgebracht waren Sie nach dem Match?

wenig ⟺ sehr				
1	2	3	4	5

5. Wieviel Spaß und Freude hatten Sie während des Matches?

viel ⟺ wenig				
1	2	3	4	5

Zählen Sie auch hier Ihre Punkte zusammen. Wenn Sie auf 18 oder mehr kommen, war das Match sehr stressig.

Wie bei jungen Spielern, so sind die Symptome bei einem Übermaß an Streß auch bei Erwachsenen Depressionen, Verlust von Konzentration, Launenhaftigkeit, wenig Energie, geringer Enthusiasmus, Langeweile und wenig Spaß.

Wissenschaftliche Untersuchungen haben gezeigt, daß Adrenalinausschüttung und Streßhöhe zusammenhängen. Für Sportarten wie Tennis, die genaue Konzentration, feinste motorische Kontrolle und Balance erfordern, wird ein Adrenalinspiegel benötigt, der nur leicht über den normalen Ruhewerten liegt. Uns allen ist der gefürchtete Adrenalinstoß vor einem sehr wichtigen Punkt oder Spiel bekannt. Diese massive Adrenalinausschüttung wirkt sich bei Tennisspielern fast immer in einer Blockierung aus und führt zu einer verkrampften, unkoordinierten Spielweise.

Was bewirkt das Adrenalin? Es bereitet den Körper auf plötzliche, kurze, intensive Aktivität vor. Erhebliche Steigerungen der Adrenalinausschüttung ermöglichen größeren Krafteinsatz und erhöhen die Ausdauer, aber die Fähigkeit, Bewegungsfertigkeiten zu kontrollieren und jederzeit hochgradig aufmerksam zu sein, verringert sich. Die Blutzufuhr zu den lebenswichtigen Organen und zum Herzen wird erhöht, während diejenige zu Händen und Füßen abnimmt. Die meisten Tennisspieler berichten, daß sich ihre Füße schwer und unbeweglich und die Hände schlaff anfühlen. Da die Blutzufuhr sich weg von den Gliedern eher in Richtung Rumpf- und Herzmuskulatur verlagert, wird es zunehmend schwieriger, harte Returns und Passierbälle oder Volleys zu schlagen. Heftiges Herz-

Auch Topspielerinnen wie Steffi Graf erleben in jedem Match die Höhen und Tiefen des Sports. Ohne Streßkontrolle können sie auf Dauer keine konstante Leistung bringen.

klopfen, verspannte Muskeln und erhöhter Blutdruck zeigen an, daß Ihr Adrenalinspiegel zu hoch, der Streß zu groß ist. Der »Becker Boogie«, das Anheizen von Connors, die geballte Faust von Ivan Lendl oder von Martina Navratilova nach einem großartigen Schlag sind adrenalinstimulierende Verhaltensweisen. Obwohl der biochemische Mechanismus noch nicht erklärt werden kann, produzieren starke positive Emotionen oft einen Zustand hoher Energieanregung ohne die begleitende Störung von Bewegungsabläufen und Konzentration.

Die Forscher David Glass und Jerome Singer gaben zwei Versuchsgruppen eine Reihe von mentalen Problemen, die gute Konzentration verlangten, während sie sie sehr lauten und störenden Geräuschen aussetzten. Der einen Gruppe wurde keine Möglichkeit aufgezeigt, den Lärm zu stoppen. Den Teilnehmern der anderen Gruppe wurde gesagt, sie könnten den Lärm stoppen, wenn sie einen bestimmten Knopf drücken, aber es wäre besser, ihn nicht zu benutzen. Die Teilnehmer der zweiten Gruppe hatten das Gefühl der Kontrolle über den lärmverursachten Streß, obwohl sie den gleichen Lärm ertragen mußten. Dieses einfache Gefühl der Kontrolle machte es den Teilnehmern der zweiten Gruppe möglich, wesentlich bessere Leistungen zu erbringen als die Teilnehmer der ersten Gruppe.

Im Jahr 1987 in der Zeit zwischen den Französischen Meisterschaften und Wimbledon schien Martina Navratilova ihren Glauben an sich selbst und die Fähigkeit, mit Streß im Wettkampf umzugehen, wiedergewonnen zu haben. Obwohl ihr im Finale von Wimbledon die gleiche Gegnerin gegenüberstand, gegen die sie in Frankreich verloren hatte, schien sie das zweitemal emotional gut darauf vorbereitet. Der Wendepunkt kam, als Martina sich nicht aufregte, als sie im ersten Satz sechs Satzbälle nicht verwandeln konnte. Jedesmal, wenn einer vergeben war, fand sie zu sich zurück und übernahm wieder die Kontrolle. Beim siebten Satzball schließlich setzte sie sich durch.

Streßkontrolle

Die folgenden sechs Maßnahmen können Ihnen helfen, Ihre Streßkontrolle während eines Matches zu verbessern:

- ▷ *Verpflichten Sie sich selbst schriftlich, während der nächsten sechs Monate Ihre Fähigkeiten zur emotionalen Kontrolle und zum Streßmanagement zu verbessern.*
- ▷ *Schätzen Sie vor jedem Match die erwarteten Streßfaktoren ab, indem Sie die Bewertungen unter Frage 1 (siehe S. 88/89) benutzen.*
- ▷ *Setzen Sie sich Ziele für jedes einzelne Match: Wie wollen Sie sich während des Spiels emotional verhalten? Seien Sie dabei präzise.*

- ▷ *Proben Sie physisch und psychisch, wie Sie unter starker Belastung reagieren wollen.*
- ▷ *Rechnen Sie nach jedem Match aus, wie stressig es für Sie war. Benutzen Sie dazu die Bewertungen zu Frage 2 (siehe S. 89/90).*
- ▷ *Benoten Sie Ihr emotionales Verhalten.*

Sie sind auf dem richtigen Weg, wenn Sie bei aufkommendem Streß das Gefühl haben, die folgenden mentalen Eigenschaften im Griff zu haben:

- ○ Kontrolle (die Fähigkeit, Entspannung und Anspannung im Gleichgewicht zu halten),
- ○ Herausforderung (die Fähigkeit, eine positive Einstellung zu bewahren),
- ○ Entschlossenheit (die Fähigkeit, großen Einsatz zu bringen und trotzdem die Kontrolle zu behalten).

4

Krisenbewältigung

Wie Sie Rückschläge überwinden können

In meiner Einleitung erwähnte ich David Hemerys Untersuchung, die ergeben hat, daß Spitzenspieler das Gefühl haben, Motivation und Einsatz seien die mentalen Faktoren, die sie von dem Rest der Spieler unterscheiden. Wenn den Spieler eine Serie von Mißerfolgen oder eine Verletzung zurückwirft, werden seine Zielstrebigkeit und seine Standhaftigkeit so gründlich getestet wie sonst nie. Im Falle eines Leistungseinbruchs muß der Tennisspieler sorgfältig entscheiden, welche Bereiche seines Spiels er verändern sollte und welche nicht, ob er mehr oder weniger spielen sollte, ob er neue Trainings- und Fitneßformen ausprobieren oder bei den alten bleiben sollte; und – vielleicht das wichtigste – er sollte überlegen, wie er ruhig bleiben und abwarten kann, bis diese frustrierende Phase in seiner Karriere vorüber ist. Eine Verletzung kann noch ärgerlicher sein, weil der Spieler auf die Wiederherstellung seiner Gesundheit warten muß. Neben der emotionalen Kontrolle des Spielers ist die Unterstützung seiner Familie, seiner Freunde und seines Trainers entscheidend dafür, ob er einen Rückschlag überwinden kann.

Der Weg zum Comeback

Anhand der Leistungseinbrüche zweier Tennisprofis sollen Mittel und Wege aufgezeigt werden, aus einem Tiefpunkt der Tenniskarriere wieder nach oben zu kommen. Natürlich lassen sich diese Einzelschicksale nicht verallgemeinern; aber lehrreich sind sie in jedem Fall.

Zurück zu seelischem und körperlichem Gleichgewicht

Tim Gullikson hat es geschafft, seit Beginn seiner professionellen Karriere 1975 immer unter den ersten 50 der Welt zu sein. In seiner besten Zeit hat er McEnroe und Borg geschlagen und war die Nummer 15 der

Weltrangliste. Erst 1982, als er auf Platz 150 abgesunken war – sein schlechtester Platz seit neun Jahren –, hatte der 32jährige Tim Gullikson ernsthafte Zweifel, ob er noch mit den Besten mithalten konnte. »1982 war für mich im Einzel das schlechteste Jahr überhaupt«, sagte er. »Mein Ego war am Boden zerstört, und ich habe mich grauenvoll gefühlt. Wenn der Ranglistenplatz erst einmal so niedrig ist, daß man durch die Qualifikation muß, insbesondere in meinem Alter, dann überlegt man, ob nicht alles vorbei ist.«

Aber 1983 hat Gullikson es plötzlich wieder gepackt. In der Rangliste kletterte er im folgenden Jahr auf Platz 34, und seine Karriere war wieder in der richtigen Bahn. Er hatte erkannt, daß einer der Unterschiede zwischen 1982 und früheren erfolgreichen Jahren war, daß er sein Spiel zu sehr analysierte. »Es war, als ob ich mir nicht mehr zutraute, den Ball ohne großes Nachdenken gut zu schlagen. Ich begann alles zu analysieren und war ständig auf der Suche nach einer technischen Änderung, die es mir wieder möglich machen würde, gut zu spielen.«

Gullikson hat auch bemerkt, daß ein anderer großer Unterschied zwischen Gewinnen und Verlieren darin lag, wie er Fehler verkraftete. »In meinen besten Jahren haben mich Fehler selten gestört. Wenn ich einen Fehler gemacht habe, konnte ich einfach den nächsten Punkt spielen und war überzeugt, daß ich ihn gewinnen würde. 1982 regte ich mich aus welchem Grund auch immer ständig über Fehler auf und war oft nicht in der Lage, mir den Gedanken daran vor dem nächsten Punkt aus dem Kopf zu schlagen. Ich begann immer pessimistischer und negativer zu werden, und all das nahm solch überdimensionale Formen an, bis ich merkte, daß ich keinen Spaß mehr am Tennis hatte. Ich spielte Matches und wollte nicht einmal auf dem Tennisplatz sein.«

Was hat Gullikson schließlich in die Lage versetzt, seinen persönlichen Tiefpunkt zu überwinden und an seine besten Leistungen anknüpfen zu können? Und was noch wichtiger ist, was können Sie aus seinen Schwierigkeiten lernen? Gullikson meint, vier grundsätzliche Maßnahmen machten den Unterschied aus:

Erstens mußte er physisch fitter und stärker werden. »Ich habe mir einen regelmäßigen Trainingsplan gemacht, der Sprints, Springseilübungen, Beweglichkeitsdrills und Ausdauertraining einschloß«, erklärte er. »Ich verhielt mich in allen Bereichen disziplinierter. Ich habe auch viel bewußter auf meine Eß- und Trinkgewohnheiten geachtet.« Als Gullikson sich physisch stärker und disziplinierter fühlte, merkte er, daß er sich auch mental stärker fühlte.

Das zweite entscheidende Ziel in Gulliksons Verwandlung war, auf dem Tennisplatz entspannter zu werden. »Ich merkte, daß ich ständig auf den Ball eindrosch, insbesondere mit meiner Vorhand. Das galt speziell für wichtige Punkte oder wenn ich wütend oder frustriert war. Beim

Training versuchte ich jetzt, darauf zu achten, daß meine Muskeln entspannt und locker blieben. Ich begann verschiedene Formen von Anspannung einzusetzen und versuchte herauszufinden, wie sie mein Spiel beeinflussen.«

Wie bei den meisten Athleten spielte auch bei Gullikson die Atmung für die Entspannung eine wichtige Rolle. »Im Treffpunkt auszuatmen und zwischen den einzelnen Punkten tief durchzuatmen, half mir, die Anspannung möglichst niedrig zu halten. Sobald ich entspannter spielen konnte, spielte ich besser.«

Die dritte Maßnahme hatte etwas mit Balance zu tun. »Ich begann daran zu arbeiten, eine bessere Balance zu halten, wenn ich den Ball schlug. Ich merkte, daß ich beim Schlagen oft nicht das richtige Gleichgewicht hatte, und das bewirkte einfach eine größere Muskelanspannung. So machte ich eine Menge Drills, um meinen Oberkörper während des Schlages in guter Balance, aufrecht und ruhig zu halten. Ich merkte auch, daß, je ausgeglichener meine physische Balance war, ich auch psychisch um so ausgeglichener war. Wenn ich emotional aus dem Gleichgewicht geriet – ärgerlich oder aufgebracht war –, dann beeinflußte das auch meine physische Balance und den Grad der Anspannung.«

Die vierte Änderung war, mit dem Herumpfuschen an der Technik aufzuhören. Mit Hilfe des Biochemikers Jack Groppel wurden Entscheidungen über Griffe und Schlagtechniken getroffen, die ein für alle Mal galten. »Es dämmerte mir schließlich, daß ich Nummer 15 der Welt geworden bin, ohne je über technische Probleme nachgedacht zu haben. Ich hatte größtenteils intuitiv gespielt, und irgendwie hatte ich das zwischenzeitlich verloren gehabt.«

Gullikson bemerkte sechs volle Monate keine spürbare Verbesserung, nachdem er seinen Vier-Punkte-Plan begonnen hatte. »Ich habe mir schon überlegt, ob meine neuerlichen Bemühungen und all das Training sich bezahlt machten«, erinnert er sich. »Sicher ist, wenn ich mich nicht innerlich verpflichtet hätte, das Ganze eine Zeitlang durchzuziehen, würde ich mich bestimmt immer noch abquälen.«

Einbrüche sind unvermeidbar im Sport, und Tennis macht da keine Ausnahme. Wenn Sie tatsächlich einmal einbrechen, dann sollten Sie sich an Gulliksons vier verschiedene Punkte zum Comeback erinnern:

▷ *Erwerben Sie eine möglichst optimale Kondition. Halten Sie Ihren Trainingsplan diszipliniert ein und ernähren Sie sich richtig – gleich jetzt.*

▷ *Arbeiten Sie an der Entspannung Ihrer Muskeln. Trainieren Sie wohlüberlegt so, daß Sie überflüssige Muskelanspannung während des Matches reduzieren. Atemkontrolle kann hier sehr hilfreich sein.*

- ▷ *Verbessern Sie Ihre Balance. Arbeiten Sie daran, während des Spiels ein besseres Gefühl für physische und emotionale Balance beizubehalten.*
- ▷ *Vermeiden Sie, zu viel zu analysieren und ständig Ihre Schläge zu ändern. Wenn Sie bereits Ihren Rhythmus verloren haben, werden alle weiteren Veränderungen nur stärker zu Ihrer Unsicherheit beitragen.*

Ein ganz anderer Weg

Tim Mayotte hatte ein ähnliches Problem wie Tim Gullikson, aber ist damit völlig anders umgegangen. Mayotte war 1987 entschlossen, den großen Durchhänger, den er 1986 nach seinem dramatischen Viertelfinalsieg im Davis Cup über Leo Lavalle aus Mexico erlebt hatte, zu vermeiden. »Es hatte mich Monate gekostet, mich zu erholen und wieder zu meinem Spiel zu finden«, erinnert sich Mayotte. »Ich habe sehr gerne Davis Cup gespielt, aber es kam mich teuer zu stehen.«

Der Davis Cup 1987 war jedoch für Mayotte emotional weit traumatischer: Zwei Fünf-Satz-Niederlagen in Hartford, Connecticut, eine gegen Eric Jelen und die andere gegen Boris Becker, dazu die Mannschaftsniederlage gegen Deutschland, waren verheerend. »Ich konnte mich einfach nicht davon befreien«, sagte Mayotte. »Ich war so schrecklich enttäuscht über mich selbst. Ich trug es wie eine schwere Last auf meinem Rücken. Es war einfach da.«

Mayotte wußte auch, daß die restliche Saison eine Katastrophe sein könnte, wenn er die Niederlagen nicht besser als im Jahr zuvor verkraften würde. Deswegen setzte er nach Hartford nur eine Woche aus und spielte dann bei einer Veranstaltung in Vail, Colorado. Er kam bis ins Finale und verlor dort gegen Jimmy Connors in drei Sätzen. »Obwohl ich ins Finale kam, fühlte ich mich emotional müde und sehr angespannt«, meinte er. »Ich bin ein paarmal auf dem Platz explodiert, was ich sonst fast nie tue. Der Druck, im Davis Cup verloren und ganz bewußt versucht zu haben, danach gut zu spielen, war immer noch da.«

Nach Vail verlor Mayotte gegen Joey Rive in der zweiten Runde von Stratton Mountain, Vermont, in der ersten Runde in Montreal gegen Kelly Evernden und in der zweiten Runde der US Open gegen Mark Woodforde in fünf Sätzen. Und obwohl Mayotte sich selbst antrieb, die zweite Hälfte des Jahres nicht wieder so vergehen zu lassen, geschah es dennoch. Aufgrund der schlechten Vorjahresleistung setzte er sich in den ersten Runden unter Druck, zumal die Chance, in der Rangliste hochzuklettern, ermutigend war. »Der erste Satz war immer knapp«, sagte Mayotte zum Verlauf. »Aber ich konnte keine Ruhe finden. Ich verlor den ersten Satz, fand zu meinem Spiel im zweiten und dritten Satz und

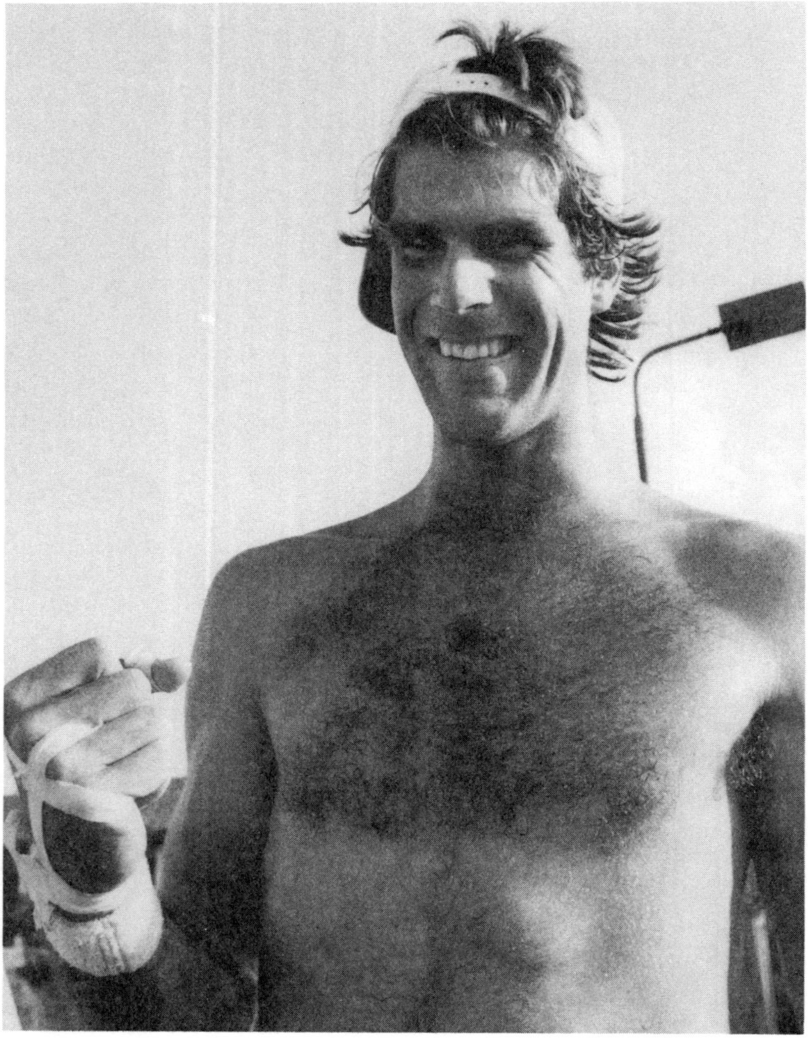

Hartes Training mit Entspannung und Spaß in Einklang zu bringen, war für Tim Mayotte ungewöhnlich schwierig.

verkrampfte dann gegen Ende des dritten Satzes und verlor ein knappes Match.«

Nach den US Open verlor Mayotte gegen Robert Seguso in drei Sätzen in der ersten Runde in einem Schaukampf in Amelia Island, Florida, in drei Sätzen gegen Jim Pugh in San Francisco und in der zweiten Runde gegen Jorge Lozano in Scottsdale, Arizona. »Das war's«, erinnert er sich. »Nach

Scottsdale hatte ich die Nase voll. Ich konnte nicht mehr schlafen. Ich war am Ende. Ich war bereit, völlig einzupacken. Ich dachte ernsthaft darüber nach, vier oder fünf Monate Pause zu machen. Es sah so aus, als ob die zweite Hälfte des Jahres genauso schlecht wie oder noch schlechter als im Vorjahr enden würde. Alle meine Bemühungen, den Alptraum des Vorjahres nicht zu wiederholen, schienen vergeblich.«

Bill Drake, Mayottes Trainer, war genauso besorgt. Drake bezweifelte ernsthaft, ob Mayotte in diesem Zustand für sechs lange, harte Wochen nach Europa fahren sollte. Aber trotz seiner eigenen Zweifel und derjenigen seines Trainers entschloß sich Mayotte zu fahren. »Ich wußte, ich mußte ausspannen, um den Druck loszuwerden. Was ich brauchte, waren Ferien vom Tennis.«

Mayotte traf alle Vorbereitungen für die sechswöchige Europatour und dann kam ihm der Gedanke: Warum sollte er daraus nicht einfach Ferien machen? Er dachte an Connors' Aussage in Wimbledon: »Ich bin auf Urlaub in London und spiele ein wenig Tennis.« Mayotte zog los, Europa mit seiner Freundin Cathy Barnett zu genießen und all das zu machen, was er schon immer tun wollte. Er hatte die Einstellung: »Ich will Spaß haben, sehr wenig trainieren und hier und da ein Match spielen.« Und genau das machte er. Mayotte trainierte tatsächlich nie, aß und trank, was ihm schmeckte, genoß Besichtigungen, was er wegen des Trainingsplans vorher niemals hatte tun können, und wärmte sich mit Cathy (die ihren eigenen Aussagen zufolge eine mittelgute Clubspielerin ist) vor den Matches auf. »Sie hat eine ganz gute Vorhand, jedoch eine schwache Rückhand, die aber schon besser wird«, sagte er. Während der ganzen Europatour war das Aufwärmen mit Cathy praktisch sein einziges Training. Allen, die ihn kannten, schien das völlig gegen seine Natur zu sein. Man kannte ihn als Trainingsbesessenen, und sein Motto war immer »Vorbereiten, vorbereiten, vorbereiten« gewesen.

Aus dieser Ferienstimmung heraus gelang Mayotte die beste Leistung während einer sechswöchigen Zeitspanne in seiner siebenjährigen Profikarriere. Er spielte in Toulouse, an Nummer 1 gesetzt, nach fünf Tagen ohne Training sein erstes Match und gewann das Turnier. In den folgenden Wochen schaffte er das Viertelfinale in Wien, gewann die Pariser Hallenmeisterschaften und schlug Gilad Bloom, Slobodan Zivojinovic, Amos Mansdorf und Brad Gilbert und beendete die Tour mit der Wiederholung seines Sieges in Frankfurt. Eine so dramatische Steigerung seiner Leistung nahezu ohne Training – wie war das möglich?

In Tim Mayottes Fall begannen die Streßhormone vor dem Davis Cup zu fließen und flossen auch weiter, bis der ungewöhnliche Europa-Urlaub die Karten neu mischen sollte. In der Vergangenheit hatte er auf zunehmenden Streß und sinkendes Selbstvertrauen mit härterem Training, noch stärkerer Selbstdisziplin und größerer Anstrengung reagiert. Aber noch härter einzusteigen ist kaum die richtige Antwort, wenn sich zuviel Streß angehäuft hat. Mayottes Bemühen, sich noch mehr anzustrengen, um die schlechten Leistungen des Vorjahres nicht zu wiederholen, ist ein Fehler, den viele machen. Dies verstärkt nur übermäßige physische oder psychische Anspannung. Besser ist es zu pausieren, zu entspannen, eine Zeitlang aufzuhören und die Szene zu verlassen. Genau das hat Mayotte getan. Als der Druck, gewinnen zu müssen, nicht mehr da war, konnte er seine Möglichkeiten wieder ausschöpfen. Das heißt nicht, daß er keinen Druck oder keine Nervosität während des Matches erlebte – das tat er. Aber er war insgesamt ausgeglichener. Wenn der angesammelte Streß eine bestimmte Höhe erreicht, dann verschwinden Talent und Fertigkeiten auf mysteriöse Weise. Nur Entspannung und Erholung bringen sie zurück. Jeder kann aus Mayottes Erfahrungen wertvolle Lehren ziehen:

- ▷ *Durch psychischen Druck verursachtes schwaches Spiel durch verstärkten Druck in Training und Match abstellen zu wollen, ist der falsche Weg. Das setzt einfach den Streßkreislauf für viele Spieler fort. Ironischerweise kann die Haltung, die großartige Leistung ermöglicht – Kampfgeist, Entschlossenheit, niemals aufgeben –, gerade auch Leistungen blockieren, und zwar dann, wenn der Druck einen bestimmten Punkt überschreitet.*
- ▷ *Achten Sie darauf, vor Turnieren nicht zuviel zu trainieren. Tennisspieler investieren oft so viel Aufwand und Energie in Trainingsmatches und andere Trainingsmaßnahmen unmittelbar vor einem Turnier, daß sie bei Turnierbeginn physisch und psychisch völlig ausgelaugt sind.*
- ▷ *Trainieren Sie auch während eines Turniers nicht zuviel. Vielleicht denken Sie, daß Sie tausend Bälle am Tag Ihres Matches schlagen müßten; aber wahrscheinlich ist es besser für Sie, wenn Sie sich entspannen.*
- ▷ *Wenn Sie Schwierigkeiten haben, mit Turnierstreß fertig zu werden, dann sollten Sie sich bemühen, vor Turnierbeginn das Training zu drosseln, und andere Dinge tun, die Spaß machen.*
- ▷ *Wenn aller Wahrscheinlichkeit nach Ihre schwachen Turnierleistungen durch hohen Druck verursacht werden, sollten Sie sich andere Matchziele setzen. Ändern Sie Ihre Erwartungen im Hinblick auf das, was Sie tun oder lassen sollten, dann ändert sich auch die Dynamik des Drucks. Mayotte änderte sein Ziel vom Gewinnen müssen zum Spaß haben, und das Blatt hat sich für ihn gewendet.*

- ▷ *Bei Turnieren sollten Sie die Zeit außerhalb des Tennisplatzes mit der gleichen Sorgfalt verplanen wie die Trainingszeiten. Planen Sie Aktivitäten ein, die Sie vom Tennis ablenken und gleichzeitig Spaß machen und Ihnen Entspannung bringen.*
- ▷ *Versuchen Sie, vor wichtigen Turnieren so fit wie möglich zu sein. Tim hat vor Europa sehr hart trainiert, um in bester Verfassung zu sein. Wenn er nicht so fit gewesen wäre, dann hätte seine Strategie, eine Zeitlang nicht zu trainieren, kaum so positive Ergebnisse gebracht.*
- ▷ *Machen Sie denjenigen, die bei Turnieren in Ihrer Nähe sind, verständlich, daß Sie jetzt kein Drängen, Tennisgespräche oder motivierende Ansprachen brauchen. Cathy wußte, was für eine wichtige Rolle sie spielte, als sie Tim half, dem Druck besser standzuhalten. Sie tat es in bewundernswerter Weise.*
- ▷ *Überlegen Sie sich, was bei Ihnen am ehesten Druck reduziert. Streß ist eine sehr individuelle Angelegenheit. Was bei anderen streßreduzierend wirkt, kann bei Ihnen wirkungslos sein. Konzentrieren Sie sich darauf, herauszufinden, was bei Ihnen zu einem positiven, entspannten Zustand zwischen den Matches führt, und tun Sie das dann auch.*

Der Ausweg aus dem Teufelskreis der Verletzungen

Wissenschaftliche Untersuchungen haben gezeigt, daß die meisten Leistungseinbrüche auf Verletzungen zurückgeführt werden können. Und wenn ein Spieler erst einmal verletzt ist, dann ist er anfälliger für erneute Verletzungen. Tausende Spieler manövrieren sich jährlich beim Comeback nach einer Verletzung durch diese Gefahren. Zum Beispiel Spieler wie Susan Mascarin. Als eine der hundert Besten der Welt war Mascarin gerade dabei, sich aus dem verheerendsten Rückschlag ihrer Karriere hochzuarbeiten. Sie hatte äußerst hart trainiert und begann, wieder regelmäßig zu gewinnen. Sie erreichte das Achtelfinale bei den US Open 1984, und dann geschah das Undenkbare. Mascarin verletzte sich vor dem Spiel am Knöchel und konnte vier Monate lang nicht spielen. »Das ist nicht fair«, dachte sie. »Warum ich, warum jetzt? Das kann nicht wahr sein. Das ist der ungünstigste Zeitpunkt.«

Mascarin und jeder andere Spieler, der einmal verletzt war, könnte Ihnen sagen, daß der physische Schmerz eine Sache ist, aber der psychische Schmerz – die Enttäuschung, die Frustration, die Qual, die Ungewißheit, die Wut – eine ganz andere. Fragen Sie mal einen Athleten, der nach einer Verletzung sein Comeback versucht hat, was stärker war: die physische oder die psychische Belastung. Über die Antwort gibt es im allgemeinen überhaupt keinen Zweifel. Noch beunruhigender ist es, daß das psychische Trauma noch lange nachdem die eigentliche körperliche Verletzung geheilt ist, monatelang, ja manchmal sogar jahrelang anhalten kann.
Verletzungen können langandauernde, negative psychische Auswirkungen haben. Der Gedanke an eine akute Verletzung – unabhängig davon, wie lange sie dauern könnte – ist für die meisten Spieler eine beängstigende Vorstellung. Der Ratschlag eines Arztes, ein oder zwei Monate zu pausieren und zu sehen, was dann passiert, wird am meisten gefürchtet. Die chronischen, ständig schmerzenden kleinen Verletzungen, die niemals gestatten, voll zu spielen, steigern die Frustration, bis der Spieler psychisch kaputt ist. Zu diesem Zeitpunkt könnte er zu sich sagen: »Ich bin jetzt völlig gesund, aber ich kann nicht mehr spielen. Ich habe mein Selbstvertrauen verloren.«
Aber geben Sie nicht auf. Die folgenden Vorschläge sollen helfen, die traumatischen psychischen Auswirkungen von Verletzungen zu reduzieren:

- ▷ *Gestehen Sie sich den bevorstehenden mentalen Kampf ein und seien Sie fest entschlossen, ihn zu gewinnen. Wenn Sie außer Gefecht gesetzt sind, müssen Sie sich klarmachen, daß Sie außer dem physischen einen sehr wichtigen psychischen Kampf bestehen müssen.*
- ▷ *Behandeln Sie die Verletzung wie einen listigen, sturen Gegner, der nicht fair spielt. Sie können dem Gegner erlauben, Sie zu schlagen, indem Ihre Einstellung negativ ist, Sie sich selbst bemitleiden und der Depression nachgeben. Aber Sie können den Kampf auch annehmen. Sie können sogar die Krise benutzen, um Ihre mentale Stärke zu verbessern. Das tun Sie, wenn Sie positiv, engagiert und stark bleiben.*
- ▷ *Konzentrieren Sie sich darauf, während Ihrer Rehabilitationszeit einige positive Ziele zu verwirklichen. Das Schlechteste, was Sie mit der Extrazeit machen können, ist herumzuliegen. Sie brauchen eine neue mentale Herausforderung, etwas, das Sie anregt. Wenn Sie schon immer lernen wollten, wie man einen Computer benutzt, dann haben Sie jetzt Zeit dazu.*

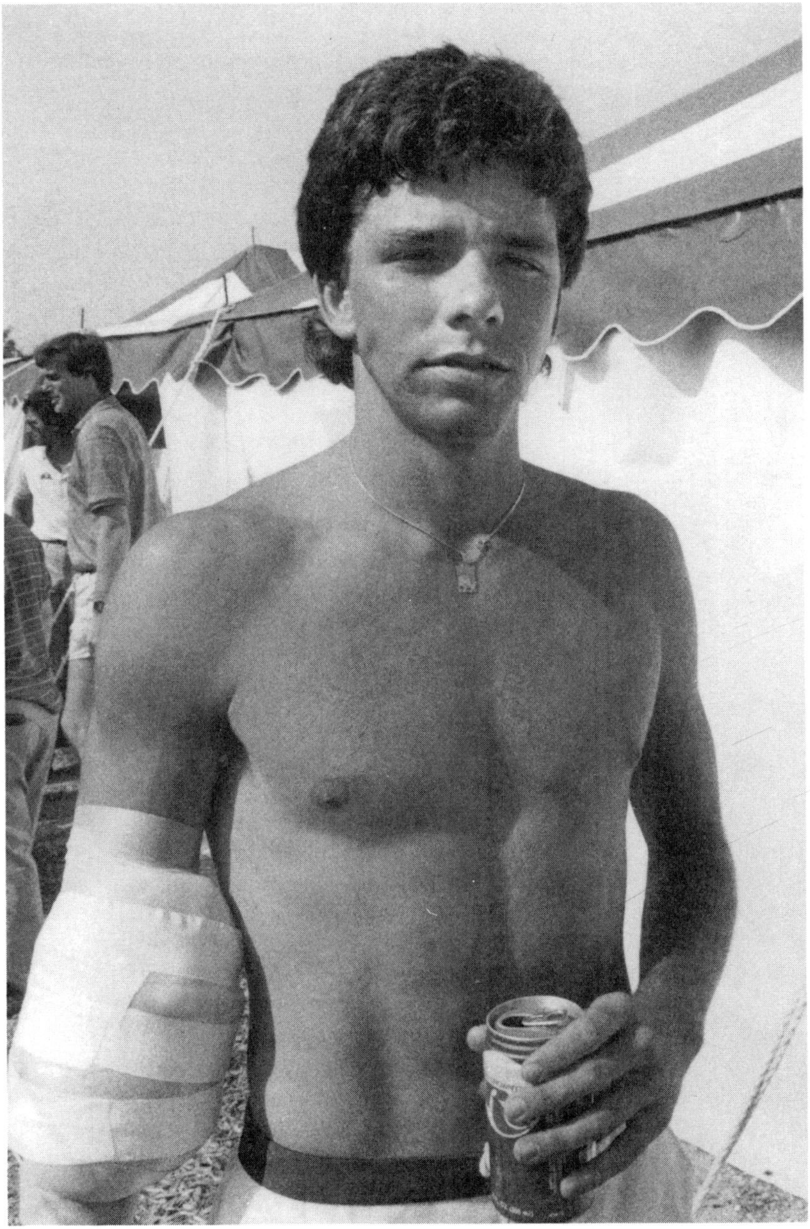

Verletzungen können langanhaltende psychologische Nachwirkungen haben, wie bei Jimmy Arias.

- ▷ *Bleiben Sie körperlich so aktiv, wie es Ihre Verletzung zuläßt. Aktiv zu bleiben ist sehr wichtig, auch wenn Sie nicht Tennis spielen können. Sie erreichen damit zwei Dinge: Sie bleiben dabei körperlich fit und können schneller wieder voll Tennis spielen. Außerdem hilft Aktivität, gegen Depressionen und negative Emotionen anzukämpfen. Wenn Sie nicht laufen können, können Sie vielleicht gehen. Oder Sie können radfahren, schwimmen oder Situps machen. Sie können Übungen für die Rumpfmuskulatur machen, woran Knie oder Fußgelenk nicht beteiligt sind. Suchen Sie nach Übungen, die Sie durchführen können, und üben Sie regelmäßig.*
- ▷ *Schließlich sollten Sie ein Tagebuch führen. Halten Sie Ihre Stimmungen fest, den Pegelstand Ihrer Energie und was Sie mit Ihrer anderen Zeit tun. Zeichnen Sie Ihr mentales Auf und Ab täglich auf. Es wird Ihnen helfen, sich auf Ihr Ziel zu konzentrieren und durchzuhalten.*

Verletzungen sind im Sport unvermeidlich; sie sind ein Teil der Herausforderung. Mit der rechten Einstellung kann eine erzwungene Pause dazu dienen, die »Batterien« wieder aufzuladen und vor dem Ausbrennen zu bewahren. Durch Nachdenken können Sie zu einem besseren Verständnis Ihres Spiels und Ihres Wettkampfstils kommen. Auf lange Sicht gesehen sind es eher Ihre Reaktionen auf Ihre Verletzungen als die Verletzung selbst, die den größten Einfluß auf Ihre Tenniskarriere haben.

5

Strategien für das Training

Gut geplant ist halb gewonnen

Eine gute Vorbereitung ist vielleicht der wichtigste Schlüssel zu mentaler Stärke. Man sollte immer auf einen Test seiner Fähigkeiten vorbereitet sein, sonst hat man ein schlechtes Gefühl. Das gilt auch fürs Tennis. Und da die Vorbereitung auf ein Match vermutlich das einzige ist, worüber Sie volle Kontrolle haben (neben Ihrem Aufschlag, der aber immer noch den Launen der unterschiedlichsten Elemente ausgesetzt ist), sollten Sie die Gelegenheit nutzen.

In den letzten zehn Jahren haben Wissenschaftler einige Methoden entwickelt, wie man sich auf Wettkämpfe vorbereiten kann. In den Wochen und Monaten vor einem wichtigen Turnier können Sie mit Trainingskonzepten wie Periodisierung (ein sechsmonatiger Trainingszyklus, der Ihnen hilft, vor einem bestimmten Wettkampf in Topform zu sein), Visualisierung (das Denken in Bildern zur Erlernung von motorischen Fertigkeiten und zur Kontrolle von Emotionen) und mit dem Biorhythmus des Körpers arbeiten. Am Tag des Matches empfiehlt es sich, eine Kontrolliste für die mentalen Aspekte der Vorbereitung zu benutzen, um zu entspannen, die Gedanken zu zentrieren und eine positive Einstellung zu erlangen.

Wenn Sie sich auf ein Turnier oder Match sowohl körperlich als auch mental gut vorbereitet haben und wenn Sie während des Matches die austrainierten Verhaltensmuster, von denen später noch die Rede sein wird, routiniert anwenden, dann sind Sie auf dem besten Weg, auf die Herausforderungen im Wettkampf wirkungsvoll zu reagieren.

Periodisierung des Trainings

Für die meisten Spieler kündigt das Winterende Turniere, Verbandsspiele und Clubmeisterschaften an. Juni, Juli und August sind die Monate, in denen die wichtigsten Turniere stattfinden. In diesem Zeitraum möchte jeder in Bestform sein. Es stellt sich die Frage, wie Sie jetzt trainieren sollten, damit Sie in Topform sind, wenn Sie es wünschen.

Martin Laurendeau weiß, daß Ruhezeiten und Regeneration im Trainingszyklus wichtige Kriterien für die Erlangung von Höchstleistungen sind.

Vor ein paar Jahren war ich fasziniert zu erfahren, daß in mehreren europäischen Ländern, vornehmlich in Deutschland, in der Tschechoslowakei, der Sowjetunion, in Schweden und in Frankreich das Trainingskonzept der Periodisierung angewendet wurde, um die Spieler für wichtige Wettkämpfe in Hochform zu bringen. Obwohl dieses Trainingskonzept in den Vereinigten Staaten weitgehend in den Disziplinen Schwimmen, Football und Gewichtheben praktiziert wird, sind die meisten Tennisspieler und Trainer damit nicht vertraut. Hingegen wurde die Periodisierung des Trainings in manchen europäischen Ländern seit mehr als sieben Jahren mit Tennisspielern durchgeführt. Das Modell der Periodisierung wurde übrigens zuerst in der Sowjetunion von dem Sportwissenschaftler L. P. Matwejew Anfang der 70er Jahre eingeführt.

Aufgrund des Erfolgs und der enthusiastischen Befürwortung einiger europäischer Spitzentennistrainer haben wir ein Team geformt, das die Trainingsperiodisierung mit zehn ausgewählten Spielern der Bollettieri-Tennis-Akademie in Bradenton, Florida, ausprobieren sollte. Das Team bestand aus den Orthopäden Ben Kibler, Jeff Chandler, einem Arbeitspsychologen, Sergio Cruz, einem früheren Profispieler, der in der Tschechoslowakei nach dem Periodisierungssystem trainiert hatte, und mir. Der Versuch dauerte von Januar bis Mai 1988. Das Trainingsziel war, alle Spieler für das Ende des Frühjahrs bis in den Sommer in Hochform zu haben. Die Wettkampfleistungen aller zehn Spieler wurden während des ganzen Sommers genau beobachtet und festgehalten. Acht der zehn Spieler verbesserten sich entscheidend aufgrund ihrer eigenen Aussagen und der ihrer Trainer. Die beiden, die sich nicht verbesserten, konnten nicht an dem gesamten Trainingsprogramm teilnehmen, weil sie Terminschwierigkeiten hatten.

Periodisierung heißt, das Training eines Athleten so zu organisieren, daß die Chancen für ein Übertraining minimiert, diejenigen für Spitzenleistungen dagegen optimiert werden. Das Periodisierungsmodell versucht, fünf grundlegende Trainingsprinzipien in spezifischen Phasen zu organisieren:

- Häufigkeit: wie oft Sie trainieren;
- Dauer: wie lange Sie trainieren;
- Intensität: wie hart Sie trainieren;
- Variation: wie abwechslungsreich Sie Ihr Training gestalten;
- Sportartspezifität: wie nahe das Training den tatsächlichen Anforderungen der Sportart kommt.

Das Periodisierungsmodell wendet einfach diese Trainingsprinzipien auf die Bereiche des Organismus an, die die jeweilige Sportart beansprucht. Charakteristischerweise gehören dazu das Herz-Kreislauf-System, der Kraftbereich, der Schnelligkeits- und Schnellkraftbereich und das psychische oder emotionale System.

Auf Tennis angewendet, würden sich nach dem Periodisierungsmodell zwei jeweils sechsmonatige Trainingszyklen ergeben. Obwohl es im Tennis keine »tote Saison« gibt, muß sich der Spieler entscheiden, wann er in Spitzenform sein will und wann er sich ausruhen und erholen möchte. Jeder der sechsmonatigen Zyklen beginnt mit einer Ruheperiode und baut den Spieler bis zur Spitzenleistung auf. Der Trainingsablauf ändert sich entsprechend den verschiedenen Phasen des Zyklus: Vorbereitung im aeroben Bereich, Kraftgrundlagentraining, Schnelligkeits- und Schnellkrafttraining sowie Höchstformperiode.

Die **Phase des aeroben Trainings** dauert im allgemeinen zwischen zwei und vier Wochen. Während dieser Zeit sollten die Spieler möglichst überhaupt kein Tennis spielen. Der Trainingsschwerpunkt ist die Herz-Kreislauf- und Muskelausdauer. Laufen, Radfahren, Training in anderen Sportarten wie Basketball, Fußball oder Turnen werden zum Schwerpunkt des Trainings. Das Ziel während dieser Phase ist, auf der ersten Stufe eine starke aerobe Basis aufzubauen. Das bedeutet, größere Entfernungen zu laufen und weniger Wiederholungen, wobei 30 Minuten kontinuierliche Aktivität vier- oder fünfmal pro Woche als Minimum angesehen werden.

In der Vorbereitungsphase ist das Hauptaugenmerk umfangreiches Krafttraining, was zu einer Abnahme des Körperfetts und zu einer Zunahme von Muskelmasse und Kurzzeitausdauer führt. Diese Phase dauert gewöhnlich drei bis vier Wochen. Das Tennistraining konzentriert sich hauptsächlich auf Drills, während das Ausdauertraining von 30 auf 15 Minuten täglich reduziert wird.

Während der allgemeinen **Krafttrainingsphase** gilt das Hauptaugenmerk des Athleten dem Kraftzuwachs bei tennisverwandten Bewegungen und es wird die Grundlage für Schnellkraft und hochintensive Belastung gelegt, wie sie dann in der Schnelligkeits- und Schnellkraftphase erforderlich sind. Das Tennistraining schließt in dieser drei- bis fünfwöchigen Phase einige Übungsmatches und Drills ein, die Schnelligkeit und Genauigkeit verlangen, aber noch keine Turniere. Ausdauertraining wird auf eine 30minütige Einheit oder zwei pro Woche beschränkt. Intervallsprints von 1 bis 3 Minuten werden jetzt jeden zweiten Tag aufgenommen.

In der nächsten dreiwöchigen Phase ist normalerweise ein signifikanter Zuwachs an **Schnelligkeit und Schnellkraft** festzustellen. Krafttraining, Laufen und Tennistraining auf dem Platz betonen Schnelligkeit und Explosivkraft. Drills mit Wettkampfcharakter und Übungsmatches sind jetzt die wesentlichen Trainingsaktivitäten. Spitzenleistungen bei Turnieren werden allerdings erst in der letzten Phase erreicht. Ausdauerläufe werden auf 20 Minuten einmal pro Woche beschränkt. Sprinttraining kommt hinzu in 15- bis 45-Sekunden-Intervallen mit maximalem Einsatz.

Während der **Höchstleistungsphase** (die während Ihrer Hauptwettkampfzeit aufrechterhalten werden sollte) werden Schnellkraft, Kraft und Schnelligkeit in optimale Bereiche gebracht, indem der Trainingsumfang reduziert, die Trainingsintensität jedoch erhöht wird. Trainingsabläufe sollten zu diesem Zeitpunkt den tatsächlichen Wettkampfbedingungen so weit wie möglich ähneln. Das Ausdauertraining wird jetzt eingestellt, und das Sprinttraining wird bei einem Umfang von 15 bis 45 Sekunden Dauer bis einige Tage vor dem Wettkampf beibehalten. Die Tage unmittelbar vor dem Wettkampf sollten sowohl physisch als psychisch wenig Anforderungen oder Streß bringen.

Regelmäßiges Training außerhalb des Tennisplatzes ist absolut notwendig, um topfit zu werden. David Wheaton trainiert mit seinem Bruder Mark.

Was bedeutet das alles für den Sommerturnierspieler? Wie kann die Periodisierung des Trainings Ihnen helfen, im entscheidenden Zeitpunkt in Spitzenform zu sein? Entscheiden Sie sich, wann Sie Ihre Spitzenform erreichen wollen. Auf der Basis der Erkenntnis aus vielen anderen Sportarten sollten die folgenden zehn Tips Ihnen helfen, in Spitzenform zu kommen:

- Teilen Sie Ihr Tennisspiel in Trainingszyklen ein. Wenn möglich, sollten Sie das Jahr in zwei Zyklen zu je sechs Monaten einteilen. Am Anfang eines jeden Zyklus steht eine drei- bis fünfwöchige Tennispause, während derer das Hauptaugenmerk darauf gerichtet sein sollte, eine solide aerobe Basis zu bekomen. Die letzten zwei Monate sollten die wichtigsten Turniere enthalten. Training in Zyklen läßt Ihnen größere Kontrolle über körperlichen und emotionalen Streß und reduziert so das Risiko von Verletzungen, Übertraining, Ermüdung, Langeweile und Erschöpfung.
- Setzen Sie sich ein Datum als Ziel, an dem Sie in Bestform sein wollen, so daß Sie sich im kritischen Zeitraum stärker fühlen und »gieriger« sind.
- Seien Sie vorsichtig mit Ausdauertraining. Ausdauerläufe und Radfahren sollten zu Beginn der Vorbereitungsphase im wesentlichen beendet sein und danach entscheidend reduziert werden. Untersuchungen haben gezeigt, daß Ausdauertraining den Zuwachs an Kraft, Schnelligkeit und Schnellkraft einschränken kann, insbesondere wenn Ausdauer- und Krafttraining nebeneinander durchgeführt werden.
- Reduzieren Sie Ihr Sprint- und Krafttraining entscheidend unmittelbar vor der Höchstleistungsperiode. Beschränken Sie die Läufe auf Kurzstrecken, die Sie mit höchster Intensität absolvieren.
- Wenn sich die Turnierzeit nähert, sollte das Training den Anforderungen im Match soweit wie möglich entsprechen. Das bedeutet, in dieser Phase weniger Drills und statt dessen mehr Sätze zu spielen.
- Wenn die Turniersaison vor der Tür steht, sollten Sie das Verhältnis von Belastung und Erholung im Training möglichst wie im Turnier gestalten. Das Verhältnis ist ungefähr 1:2. Auf 10 bis 20 Sekunden intensiven Spiels folgen 20 bis 30 Sekunden der Erholung. Sprints, Drills und Trainingsspiele sollten nach diesem Muster ablaufen.
- Merken Sie sich: Wenn Sie den physischen Streß reduzieren, reduziert sich auch der psychische Streß. Erhöhen Sie den Spaß am Training vor wichtigen Wettkampfperioden, und achten Sie darauf, daß Selbstvertrauen und »Biß« sich bei den alltäglichen Trainingsprozeduren erhöhen können.
- Wenn Sie nicht trainiert und kein Turnierspiel bestritten haben, aber in drei Wochen ein Turnier spielen wollen, dann sollten Sie nicht alles

auf einmal nachholen und in der ersten Woche besonders hart rangehen. Sie sollten einen Mini-Trainingszyklus aufbauen, der mit niedriger körperlicher Belastung beginnt, in der dritten Woche seine Spitze erreicht und kurz vor dem Turnier wieder abnimmt. Wenn Sie nur kurze Zeit zur Vorbereitung haben, dann ist es günstiger, den größten Teil Ihres Trainings auf dem Tennisplatz durchzuführen und zwar mit Drills, dem Ausspielen von Punkten und schließlich mit Übungsmatches. In der ersten Woche sollten Sie täglich nur kurze Zeit oder, wenn möglich, zweimal täglich spielen. Die Trainingsintensität sollte in der ersten Woche von niedrig auf mäßig gesteigert werden. In der zweiten und dritten Trainingswoche sollten Sie länger trainieren, und die Intensität sollte weiter erhöht werden. Kurz vor dem Turnier sollten Sie Trainingsumfang und emotionalen Streß reduzieren.

- Ein oder zwei Tage vor dem Wettkampf sollten Sie Ihre Trainingsintensität reduzieren.
- In Zyklen zu trainieren erfordert eine bessere Planung, mehr Disziplin und viel Nachdenken. Man kann nicht einfach nur das tun, was einem gerade einfällt. Aber wenn Sie sich das Ziel setzen, zu bestimmten Zeiten in Spitzenform zu sein, und dann die Trainingsaktivitäten entsprechend planen, wird das wahrscheinlich zu besseren Leistungen, weniger Verletzungen und weniger Streß im entscheidenden Augenblick führen.

Die Wettkampfuhr einstellen

Der Vorteil einer entsprechenden Vorausplanung und der Gewöhnung an einen festen Ablauf ist der, daß der Streß, der auftreten könnte, etwa weil Sie unvorbereitet sind, wegfällt. Alle Athleten – vom Kreisklassenspieler bis zum professionellen Tennisspieler – haben regelmäßige Trainingszeiten, einen festen Zapfenstreich, eine Ruheperiode unmittelbar vor dem Wettkampf und andere Rituale, die entspannend wirken und ihnen gestatten, sich auf das wesentliche Ereignis zu konzentrieren.
So ein fester Plan ist insbesondere dann nützlich, wenn man zu verschiedenen Tageszeiten antreten muß oder in andere Zeitzonen reist. In derartigen Situationen kann es Ihr Vorteil sein, wenn Sie etwas über solche sich wiederholenden Rhythmen wissen – eine Art innere Uhr, die Ihr tägliches Leben lenkt. Wenn Sie diese Körperrhythmen stabilisieren und anpassen, dann brauchen Sie sich vor einem wichtigen Match viel weniger Sorgen zu machen.

Der Biorhythmus beeinflußt mehr als 250 physiologische und psychische Funktionen, wie Koordination, Balance, Reaktionszeit, Gedächtnis, Energie, Erregung, Wachsamkeit und Stimmung. Aufgrund dieses individuellen Biorhythmus hat jeder Mensch seine persönlichen Höhen und Tiefen täglich ungefähr zur gleichen Zeit. Diese zyklischen Abläufe werden von einer verblüffenden Kombination von inneren und äußeren Faktoren wie Schlaf, Nahrung, Streß und Licht bestimmt, aber auch von sozialen Faktoren, und haben einen deutlichen Einfluß auf Gefühlszustände.
Es ist kein Zufall, daß sportliche Spitzenleistungen im allgemeinen am mittleren bis späten Nachmittag erbracht werden. Biorhythmen haben ihre Spitzenwerte typischerweise am späten Nachmittag oder am Abend und ihre niedrigsten Werte zwischen drei und sechs Uhr morgens. Deswegen ist es kein Wunder, daß die meisten Spieler ein Acht-Uhr-Match ziemlich fürchten; aufgrund des Biorhythmus ist die Wahrscheinlichkeit für eine Spitzenleistung zu diesem Zeitpunkt gering. Und sollten Sie ein Nachtmensch sein, der gegen einen Morgenmenschen spielen muß, ist das um so schlimmer.
Biorhythmen beeinflussen psychische Gefühlszustände wie Stimmungen, Energie, Aufmerksamkeit und Wohlbefinden biochemisch wie hormonal. Die Konzentration von Kortisol, Adrenalin und von Katecholaminen erhöht sich morgens und erreicht ihre Spitze am späten Vormittag; sie fällt gleich nach dem Mittag ab und hat eine neuerliche Spitze am späten Nachmittag. Energie, Aufmerksamkeit und Erregung eines Menschen korrespondieren mit diesem Ablauf. Dieser Rhythmus unterscheidet sich bei Morgen- und Abendmenschen. Morgenmenschen schütten morgens mehr Adrenalin aus als abends, bei den Nachtmenschen ist es umgekehrt.
Höhere Konzentrationen bestimmter Streßhormone haben sich bei Morgenmenschen gefunden, die versucht haben, abends Leistungen zu bringen, und bei Nachtmenschen, die das gleiche frühmorgens versucht haben. In einer Untersuchung wird behauptet, daß es keinen Unterschied macht, ob man an einem Tiefpunkt seines Biorhythmus Leistungen erbringen will oder ob man nach wenig Schlaf oder auch zuviel Alkoholgenuß zu einem Wettkampf antritt. Die Auswirkungen können gleichermaßen dramatisch sein.
Wenn ein Spieler erst einmal versteht, daß Veränderungen seiner Stimmung, seiner Energie, seiner Aufmerksamkeit und seiner Vitalität von Veränderungen im Biorhythmus verursacht werden können, dann ist das ein erster Schritt in Richtung Kontrolle. Diese Veränderungen, die von einem ziemlich präzisen System biologischer Uhren bestimmt werden, verursachen oft ein Gefühl der Bestürzung im Athleten. »Warum habe ich mich bloß so träge gefühlt?« wundert er sich. Ist ihm aber bewußt, daß solche zerstörerischen Gefühle eine fundierte physiologische Basis

Mentale und physische Rituale spielen eine wichtige Rolle im Wettkampf, aber auch in den Spielpausen, wie Boris Becker hier demonstriert.

haben, das Ganze also nicht nur im eigenen Kopf produziert wird, kann das sehr beruhigend wirken.

Hat der Athlet auf Reisen eine größere Zeitumstellung in Kauf zu nehmen, so kompliziert dies das Verständnis und die Kontrolle der eigenen biologischen Uhr. Der sogenannte »Jet lag« wird primär durch die Störung des Biorhythmus verursacht. Reisen über sechs Zeitzonen hinweg – was bei einer Reise zwischen den USA und Europa der Fall ist – können mehr als eine Woche zur völligen physischen und psychischen Wiederanpassung erfordern.

Zwei Punkte sind im Zusammenhang mit dem Biorhythmus für den Tennisspieler wichtig: Erstens sollten die Zyklen so stabilisiert werden, daß der Körper in Harmonie mit sich selbst arbeiten und damit zu Spitzenleistungen fähig sein kann. Zweitens sollte der Spieler fähig sein, die Zyklen so anzupassen, daß die Anforderungen wie Zeitumstellung und Acht-Uhr-Matches sowie Reisen mit erheblichen Zeitumstellungen verkraftet werden können.

Für die Stabilisierung wie auch für die Neuanpassung der Zyklen ist es am wirksamsten, folgende Faktoren sorgfältig zu regulieren: Nahrungs- und Flüssigkeitsaufnahme, Ruheperioden, Trainingsplan, gesellige Aktivitäten und psychisches Streßniveau. Die Zyklen lassen sich am ehesten stabilisieren, wenn man Mahlzeiten, Ruheperioden, Trainingszeiten, Schlaf usw. routinemäßig einplant. Athleten berichten, daß sie um so bessere Leistungen bringen, je routinemäßiger ihre Tagesabläufe sind.

Eine ganz andere Aufgabe haben Sie zu bewältigen, wenn Sie die Zyklen neu einstellen oder verändern müssen. Wenn Sie zum Beispiel ein Morgenmuffel sind, der ein Acht-Uhr-Match spielen muß, dann sollte Ihnen eine Kombination der folgenden Vorgehensweisen helfen, Ihre biologische Uhr einzustellen:

- Falls Sie normalerweise einen Nachmittagsschlaf halten, sollten Sie sich am Tag vor dem Acht-Uhr-Match nachmittags nicht ausruhen.
- Nehmen Sie die Abendmahlzeit am Tag vor dem Match ein oder zwei Stunden früher als üblich zu sich.
- Versuchen Sie, zwei Stunden früher als normal schlafen zu gehen.
- Stehen Sie am Morgen mindestens zwei bis zweieinhalb Stunden vor dem Match auf.
- Frühstücken und trainieren Sie vor Ihrem Match wie sonst auch. Das Training ist sehr wichtig, um Ihren Zyklus neu einzustellen.
- Versuchen Sie, sich psychisch positiv darauf einzustellen, daß Sie früh am Morgen spielen müssen. Negatives Denken und Handeln kompliziert den biochemischen Anpassungsprozeß.

Vergessen Sie nicht, daß es sich bei dem Phänomen Biorhythmus um Realität handelt. Um Spitzenleistungen zu erzielen, muß der Sportler lernen, wie er seine biologische Uhr einstellen kann und wie er sie in Gang hält. Die investierte Zeit lohnt sich.

In Bildern denken

Eins der Schlagworte der letzten zehn Jahre im Tennis und in anderen Sportarten ist Visualisierung. Ich werde oft gefragt: »Was ist Visualisierung?« und »Glauben Sie, daß ich mich dadurch verbessern kann?«
Hier ist meine Antwort:
Visualisierung bedeutet einfach, daß Sie sich Bilder von vergangenen oder zukünftigen Handlungen oder Erfahrungen vorstellen. Man denkt in Bildern anstelle von Worten! An der Visualisierung sind im allgemeinen verschiedene Sinne beteiligt, wie Gesichtssinn, Hörsinn, Tastsinn und der kinästhetische Sinn, die alle die mentalen, also geistig vorgestellten Bilder verstärken.
Die Visualisierung ist angewendet worden, um das Bewegungslernen zu beschleunigen und emotionale Kontrolle, Konzentration, Selbstvertrauen und Vorbereitung auf das Match zu verbessern. Visualisierung bleibt von den experimentellen Befunden her ein sehr umstrittenes Thema. Für jeden Forschungsbeitrag, der den Wert der Visualisierung wissenschaftlich unterstützt, gibt es einen anderen, der gerade das verneint.

Stefan Edberg visualisiert den perfekten Return, ehe er den Ball retourniert.

Das stärkste Argument für die Technik des Visualisierens als Hilfsmittel im Training kommt von seiten der Spieler. 80 bis 85 Prozent sollen den Untersuchungen zufolge das Visualisieren als nützliches Hilfsmittel betrachten. Von Greg Louganis bis Bruce Jenner, von Jack Nicklaus bis O.J. Simpson und von Chris Evert bis Martina Navratilova wurde und wird Visualisierung als für den Erfolg notwendig angesehen.
Die wissenschaftliche Argumentation für diese Methode als Trainingsübung hängt mit der Tatsache zusammen, daß vorgestellte Handlungen die Muskeln auf ähnliche Weise aktivieren wie tatsächlich ausgeführte. Die Visualisierung kann auch gewaltige Veränderungen im emotionalen Bereich hervorrufen. Ihr Gehirn kann nämlich nicht unterscheiden, ob etwas wirklich passiert oder nur in der geistigen Vorstellung »geschieht«.
Meine persönliche Erfahrung mit den Athleten spricht für die Visualisierung als leistungssteigernde Maßnahme. Visualisierung steigert die Hoffnung auf Erfolg und hilft Athleten, unempfindlicher gegenüber den angsterregenden Aspekten bestimmter Wettkampfsituationen zu sein.

Tips zur Visualisierung

Visualisierung ist weder Zauber noch Universalheilmittel; aber wenn diese Methode richtig angewendet wird, kann sie Ihnen helfen, Ihre Ziele noch schneller zu erreichen. Der Ausspruch »Was du siehst, das bekommst du auch« ist mehr als nur ein Klischee.
Es gibt einige ausgezeichnete Bücher, die die Anwendung der Visualisierung bei Leistungen im Sport zum Thema haben. Die folgenden Tips sollten Sie sich merken:

- ▷ *Visualisieren Sie regelmäßig für kurze Zeit. Beschränken Sie dabei Ihre Übungszeit auf fünf bis zehn Minuten.*
- ▷ *Üben Sie nur, wenn Sie entspannt und ruhig sind. Wenn Sie angespannt oder in Eile sind, dann verschwenden Sie Ihre Zeit.*
- ▷ *Produzieren Sie soviel Emotionen und Gefühle wie möglich. Visualisieren Sie in Farben. Benutzen Sie all Ihre Sinne, um die Realität zu simulieren.*
- ▷ *Visualisieren Sie das, was Sie verändern möchten, und stellen Sie sich selbst als auf der ganzen Linie erfolgreich vor.*
- ▷ *Benutzen Sie die Visualisierung als ein Hilfsmittel, um vor dem Wettkampf konstruktiv mögliche Probleme oder Mißgeschicke aufzuarbeiten.*

Ihre mentale Kontrolliste

Viele Menschen fühlen sich sicherer, wenn sie ihre Vorhaben auf einen Zettel notieren. Wenn sie etwas schriftlich haben, dann müssen sie sich keine Sorgen mehr machen, daß etwas in Vergessenheit gerät, und sie freuen sich, wenn sie etwas als erledigt streichen können.
Eine mentale Kontrolliste im Tennis kann eine ähnliche Erleichterung bringen. Auf der Liste stehen Dinge, die man vor und nach dem Match, aber auch währenddessen tun möchte, um sich auf mentale Herausforderungen vorzubereiten, die plötzlich auftauchen könnten. Überlegen Sie sich, auf welche Situationen Sie vorbereitet sein wollen, und ergänzen Sie sie. Eine mentale Kontrolliste sollte dazu beitragen, daß Sie entspannter und zuversichtlicher sind als zuvor.

Mentale Kontrolliste für den Tag vor dem Match und den Spieltag

- ▷ *Folgen Sie an diesen beiden Tagen sorgfältig Ihrem Diätplan. Keine Süßigkeiten oder stark zuckerhaltige Zwischenmahlzeiten! Wählen Sie statt dessen kohlenhydrathaltige Lebensmittel wie Nudeln, Kartoffeln u. ä. und nehmen Sie alle zwei bis drei Stunden eine Mahlzeit zu sich.*
- ▷ *Bringen Sie ein Handtuch zum Abtrocknen beim Satzwechsel mit. Reiben Sie Ihr Gesicht mit einer wasserfesten Sonnencreme ein.*
- ▷ *Überprüfen Sie Ihre Ausrüstung, um sicher zu sein, daß alles in Ordnung ist.*
- ▷ *Wenn möglich, sollten Sie sich 30 Minuten vor Ihrem Match als Ruhezeit reservieren. Benutzen Sie diese Zeit, um sich auf das Spiel vorzubereiten: Wie Sie sich im Match fühlen und wie Sie spielen wollen. Zuallererst sollten Sie innerlich sehr ruhig und entspannt sein. Oft hilft es, leichter sanfter Musik zuzuhören.*
- ▷ *Wenn Sie richtig entspannt sind, proben Sie mit Hilfe mentaler Bilder, wie Sie sich fühlen und wie Sie spielen wollen. Visualisieren Sie Situationen, die Ihnen in der Vergangenheit Probleme bereitet haben, wie z. B. den Ärger zu kontrollieren, positiv zu bleiben, niemals aufzugeben usw.*
- ▷ *Schlagen Sie sich vor Ihrem Spiel mindestens 20 bis 30 Minuten ein.*

- *Seien Sie mindestens 15 Minuten früher am Platz, als Ihr Match angesetzt ist.*
- *Entscheiden Sie sich, ehe Sie auf den Platz gehen, ob Sie Aufschlag oder Rückschlag wählen, wenn Sie die Wahl gewinnen.*
- *Nutzen Sie die Aufwärmzeit voll aus. Schlagen Sie möglichst oft Vor- und Rückhand, möglichst viele Aufschläge und Volleys.*
- *Haben Sie immer einen Behälter mit kühlem Wasser bei sich, und trinken Sie bei jedem Seitenwechsel. Wenn Sie nichts Besseres haben, füllen Sie einfach eine Balldose mit Wasser.*
- *Sollten Sie sich einmal nicht zuversichtlich, voller Energie oder stark während eines Matches fühlen, verhalten Sie sich so, als täten Sie es. Wenn wir kontrollieren, wie wir nach außen wirken, können wir oft auch kontrollieren, wie wir uns innerlich fühlen. Verhalten Sie sich so, wie Sie sich fühlen möchten. Sie können im allgemeinen am besten spielen, wenn Sie eine ganz bestimmte Art zu fühlen innerlich auslösen können. Die beste Gefühlskombination ist eine Kombination aus Ruhe, Entspanntheit, viel Energie und einer positiven Einstellung.*
- *Denken Sie nicht über Ihre Schläge während des Spiels nach. Spielen Sie einfach. Je mehr Sie analysieren, um so schlechter spielen Sie meistens. Versuchen Sie während des Spiels, in Bildern anstelle von Worten zu denken. Als Faustregel gilt: Visualisieren Sie während des Spiels, verbalisieren Sie nicht.*
- *Bei Nervosität und schlechtem Spiel hat fast jeder die Neigung, alles zu hastig zu machen. Verlangsamen Sie alle Aktionen: Gehen Sie langsamer, laufen Sie nicht, wenn Sie Bälle aufheben wollen, atmen Sie tief durch, ehe Sie aufschlagen oder retournieren, und lassen Sie sich viel Zeit zwischen erstem und zweitem Aufschlag.*
- *Um ein wirklich großartiger Spieler zu werden, müssen Sie lernen, Ihre negativen Emotionen unter Kontrolle zu halten. Verfallen Sie nicht in Panik, auch wenn sich alles gegen Sie wendet, werden Sie nicht ärgerlich oder aufgebracht. Fühlen Sie sich eher herausgefordert und angeregt, den Dingen eine Wende zu geben und die Krise zu beenden. Dies ist der wichtigste Schritt auf dem Weg zu einem mental starken Spieler.*

- ▷ *Wenn Sie darauf aus sind, das Match unbedingt zu gewinnen, werden Sie voraussichtlich verlieren. Konzentrieren Sie sich einfach darauf, in jedem Augenblick das Beste zu geben. Dann werden Sie von ganz alleine gewinnen.*
- ▷ *Arbeiten Sie hart daran, in den Ruf zu kommen, fair, ehrlich und ein guter Spieler zu sein. Das sind die Kennzeichen eines wirklichen Champions.*
- ▷ *Sagen Sie vor jedem Spiel den Spielstand laut und deutlich an. Wenn Sie aufschlagen, sagen Sie vor jedem Ballwechsel den Punktestand, ganz besonders im Tiebreak.*
- ▷ *Fällen Sie Ihre Entscheidungen an den Linien mit Selbstvertrauen und rufen Sie laut »aus«. Wenn Sie sich Ihrer Sache sicher sind, sollten Sie sich von Ihrem Gegner nicht einschüchtern lassen und Ihre Entscheidung nicht ändern. Immer wenn Sie sich nicht sicher sind, sollten Sie zugunsten Ihres Gegners entscheiden.*
- ▷ *Kein Jammern, keine Entschuldigung, keine negativen Selbstgespräche während des Spiels.*
- ▷ *Wenn Sie den Eindruck haben, daß Ihr Gegner schummelt, bitten Sie einfach um einen Schiedsrichter, aber ärgern Sie sich nicht.*
- ▷ *Beurteilen Sie direkt nach dem Match Ihre emotionale Leistung. Gehen Sie schonungslos mit sich selbst um.*
- ▷ *Verbinden Sie in Ihrer Vorstellung Gewinnen nicht mit Erfolg und Niederlagen nicht mit Versagen. Sie können viel Erfolg erfahren und trotzdem verloren haben. Kombinieren Sie Erfolg mit Einsatz und Lernen. Fragen Sie sich: Habe ich mich wirklich angestrengt, und habe ich alles getan, um positiv zu sein?*
- ▷ *Im Wettkampftennis ist nicht das Beherrschen der Schläge das Problem, die Schwierigkeit ist, die Schläge unter Druck einzusetzen. Um Ihre optimale Leistung zu erreichen, müssen Sie sowohl physische wie psychische mentale Stärke entwickeln.*

Mentale Stärke ist so schwierig zu erwerben, weil sie so schwer faßbar ist. Deswegen sollten Sie jedesmal, wenn Sie trainieren oder ein Match spielen, tüchtig an Ihren mentalen Fertigkeiten arbeiten, das heißt entspannt, ruhig, positiv und voller Energie bleiben.

Wenn Sie als Tennisspieler erfolgreich sein wollen, dann sollten Sie immer mit Freude Tennis spielen.

6

Unter Druck spielen

Taktisches und strategisches Verhalten auf dem Platz

Vielleicht überrascht es Sie, aber Spieler mit festen Ritualen, das heißt mit immer gleichbleibenden Verhaltensmustern in bestimmten Situationen, scheinen den Druck in Turnierspielen besser auszuhalten als Spieler ohne Rituale. Zum Ritual beim Aufschlag können beispielsweise gehören: das Hemd in die Hose stecken, in die Hand blasen, tief durchatmen, sich einen großartigen Aufschlag vorstellen oder den Ball dreimal auftippen. Ob beim Baseball oder beim Kunstspringen, beim Pistolenschießen oder beim Turnen – solche scheinbar belanglosen Ticks sind Hochleistungssportlern unentbehrlich.

Wieso sind Rituale so nützlich? Weil sie einfach helfen, dem psychischen Druck effektiver zu begegnen. Wenn der Druck während eines Matches zunimmt, neigt man dazu, zu hetzen, schneller zu gehen, das natürliche Gefühl für Geschwindigkeit und Rhythmus zu verlieren. Wenn Sie sich dann streng an eine wohldefinierte Anzahl von Ritualen halten, muß das alles nicht passieren.

Rituale tragen dazu bei, die Konzentration zu vertiefen, intuitiver zu spielen, entspannt zu bleiben und die Intensität unmittelbar vor einem Punkt zu steigern. Sie tragen des weiteren dazu bei, daß der biologische Alarm nicht einfach losgeht, wenn es schwierig wird, und sie helfen auch, Ihren Körper und Ihren Geist für sofortiges wirksames Handeln zu mobilisieren. Wenn Sie einem genauen Muster von Ritualen gewissenhaft folgen, wird es Ihnen voraussichtlich seltener passieren, daß Sie Punkte allzu leicht verlieren.

Es überrascht vielleicht viele Spieler, wenn sie hören, daß von der gesamten Spielzeit eines Matches ungefähr nur 25 Prozent wirklich gespielt wird. Bis zu 75 Prozent der Zeit wird dagegen damit verbracht, sich auf den Aufschlag oder den Return vorzubereiten oder die Seiten zu wechseln. Nur wenige Spieler haben darüber nachgedacht, was und wie sie trainieren sollten, um ihre Leistung während dieser 75 Prozent zu verbessern. Ich habe die Erfahrung gemacht, daß alles, was ein Spieler während dieser Zeit tut, einen relativ großen Einfluß auf den Erfolg im Wettkampf hat.

Die Pause zwischen den Ballwechseln nutzen

Wenn Sie Ihre Leistung zwischen den Ballwechseln verbessern wollen, sollten Sie auf drei grundlegende Fähigkeiten achten:

- Die Fähigkeit, sich zwischen den Ballwechseln zu entspannen und die Muskeln zu lockern, die Pulsfrequenz zu reduzieren und sich vom physischen und psychischen Streß des vorangegangenen Ballwechsels zu erholen.
- Die Fähigkeit, vor dem Beginn des jeweiligen Ballwechsels energiegeladen und angemessen erregt zu sein sowie aus den positiven Emotionen Energie und Einsatzbereitschaft zu schöpfen (sich herausgefordert zu fühlen).
- Die Fähigkeit, zu planen und zu visualisieren, was Sie beim nächsten Ballwechsel anstreben; visualisieren Sie vor Beginn des Ballwechsels das, was geschehen sollte, und nicht das, was Sie vermeiden wollen (z. B. »jetzt nur keinen Doppelfehler«).

Anhand der folgenden Tips können Sie Ihre Fortschritte in den Pausen zwischen zwei Ballwechseln kontrollieren. Übung wird Ihr Verhalten automatisieren:

- Augenkontrolle: Lassen Sie Ihren Blick auf den Schlägersaiten, dem Boden oder dem Ball ruhen, damit Ihre Aufmerksamkeit zwischen den Ballwechseln zentriert bleibt.
- Rituale: Praktizieren Sie zwischen und vor jedem Ballwechsel Rituale, um Entspannung, Konzentration und Intensität auszubalancieren.
- Tempo: Gewöhnen Sie sich an ein ganz bestimmtes Tempo zwischen den Ballwechseln, insbesondere, wenn Sie ärgerlich, nervös oder ermüdet sind, um wieder in emotionale und physiologische Balance zu gelangen.
- Atmung: Üben Sie intensives Ein- und Ausatmen zwischen den Ballwechseln, um zu entspannen und den Puls zu senken. Atmen Sie beim Ballkontakt aus, um Kontrolle, Entspannung und Gefühl zu steigern.
- Hohe positive Intensität: Selbst wenn Sie sich sehr müde oder negativ fühlen, sollten Sie den Eindruck erwecken, als wären Sie außerordentlich positiv eingestellt. Schwindeln Sie ruhig!
- Ruhe und Entspannung: Wenn Sie nervös und angespannt sind, sollten Sie versuchen, entspannt und ruhig zu wirken. Entspannen Sie Ihre Muskeln aktiv zwischen jedem Ballwechsel.
- Negative Selbstgespräche: Vermeiden Sie, negative Selbstgespräche zu führen. Das begünstigt nur negative Ergebnisse und baut Ihren Gegner auf.

- Positive Einstellung: Denken Sie positiv über Ihre Situation, auch im Angesicht von Mißgeschicken. Fühlen Sie sich herausgefordert.
- Kämpfen Sie: Erscheinen Sie nicht ängstlich, wenn es schwierig wird; treten Sie stets entschlossen und siegessicher auf.
- Schläger oben – Selbstbewußtsein obenauf: Tragen Sie Ihren Schläger in der Hand, die nicht die Schlaghand ist. Lassen Sie den Schlägerkopf ja nicht nach unten hängen, sondern halten Sie ihn hoch. Das hat eine symbolische Bedeutung und heißt: »Mein Schläger ist oben, und ich bin obenauf.«

Ihr Schlägerkopf sagt alles

Die meisten Spieler denken überhaupt nicht darüber nach, wie sie ihren Schläger zwischen den Punkten halten. Und kaum einer von ihnen sieht eine Verbindung zwischen der Art und Weise, wie er seinen Schläger trägt, und mentaler Stärke.
Die Äußerung, daß zwischen beiden ein Zusammenhang besteht, trägt einem oft befremdete Blicke ein. Aber wenn Sie sich das nächste Mal ein Tennisspiel ansehen, dann sollten Sie einmal beobachten, was die Spieler zwischen den Ballwechseln mit ihrem Schläger machen. Wie wird der Schläger getragen? Unten am Griff oder oben? Mit welcher Hand normalerweise? Wird der Schlägerkopf hochgehalten oder hängt er nach unten? Ist die Haltung davon abhängig, ob der Punkt gewonnen oder verloren wurde? Können Sie aus der Art und Weise, in der der Spieler den Schläger hält, dessen psychischen Zustand ablesen? Die Haltung des Schlägers kann eine ganze Menge negativer emotionaler Reaktionen offenbaren wie zum Beispiel

- Ärger (wenn die Schlaghand den Schläger wie einen Prügel fest umspannt hält und die Armmuskeln dabei angespannt hervortreten),
- niedrige Intensität, Enttäuschung oder Mangel an Kampfgeist (Schläger hängt nach unten, berührt fast den Boden und wird am Griff nur von zwei oder drei Fingern gehalten),
- schlechte Konzentration (der Schläger wird horizontal zum Boden auf einem Finger schnell gedreht oder nachlässig auf der Schulter getragen).

Gute Wettkämpfer verfügen hingegen über ausgezeichnete Fähigkeiten, ihre Emotionen zu kontrollieren. Das zeigt sich an ihrem Gang, an ihrer Kopf- und Schulterhaltung und – in der Tat – an der Art und Weise, wie sie ihren Schläger tragen. Zwischen den Ballwechseln vermittelt die Schlägerhaltung starke, positive Emotionen, unabhängig vom Ausgang des

Ballwechsels oder des Spiels. Eine angemessene Schlägerhaltung kann Selbstvertrauen, positive Energie und Entspanntheit signalisieren.
Bei den meisten Spielern führt die emotionale Schwäche zu einer höheren Fehlerquote. Fehler können starke emotionale Reaktionen auslösen (Enttäuschung, Verlegenheit, Ärger, schlechte Laune, niedrige

Der Schläger spricht Bände. Derrick Rostagno.

Intensität), die wiederum unbeständiges oder schlechtes Spiel verursachen können. Für einige Spieler führt nahezu jeder Fehler in eine emotionale Krise. Aber interessanterweise gehen fast alle Spieler mit Fehlern in gleicher Weise um, wenn sie gut spielen: Sie drehen sich um und gehen voller Selbstvertrauen einfach weg, so als ob nichts passiert wäre. Idealerweise sollte man sich nach Fehlern herausgefordert fühlen. Denn für den mentalen Computer ist ein Fehler einfach eine Rückmeldung, daß der Schlag nicht perfekt war und eine Veränderung notwendig ist. Ohne Fehler wäre der Lernprozeß ständig blockiert. Ohne Fehler kein Fortschritt. Aber negative Emotionen blockieren auch den Fortschritt und sind eine natürliche Reaktion auf Fehler. Wo liegt nun die Lösung? Die Antwort lautet: Ein Spieler sollte seine Emotionen so trainieren, daß Fehler eine konstruktive emotionale Reaktion hervorrufen.

Ein typischer Ablauf sieht meist so aus: Ein Fehler führt zu einer störenden emotionalen Reaktion, beispielsweise Ärger. Der Spieler drückt seinen Ärger aus (Fluchen, Schlägerwerfen) und macht weitere Fehler, und zwar deswegen, weil Unmutsäußerungen sich selbst verstärken. Er fühlt sich besser, sobald er seinen Ärger herausgelassen hat. Ist der Schläger aber erst einmal geworfen, ist die Versuchung groß, ihn wieder zu werfen, wann immer Ärger und Frustration steigen.

Mir scheint es am günstigsten, wenn Sie nach einem Fehler versuchen, sich so zu verhalten, wie Sie es eigentlich für richtig ansehen, und nicht so, wie Sie sich in diesem Augenblick fühlen. Dann können Sie diesen Emotionszirkel am ehesten durchbrechen. Sie handeln so, als wäre der Fehler für Sie kein Problem oder als fühlten Sie sich zuversichtlich und herausgefordert. Täuschen Sie die gewünschte Reaktion so lange vor, bis Sie sie wirklich hervorbringen können. Sie spielen so lange Theater, bis diese veränderte emotionale Reaktion echt wird. – Und dabei ist es wichtig, wie Sie Ihren Schläger halten.

Die 16-Sekunden-Kur

Ich habe seit mehr als zehn Jahren Informationen gesammelt – mit Hilfe von Interviews, Videoaufnahmen und Biofeedback-Instrumenten, wie EKG-Monitor – und analysiert, was die Weltspitzenspieler zwischen den Ballwechseln tun. Dabei habe ich entdeckt, daß die Spitzenspieler vier ziemlich charakteristische Aktivitätsmuster zwischen zwei Ballwechseln aufweisen. Den weniger erfolgreichen Spielern gelingt es dagegen selten, eine oder mehrere dieser Aktivitäten auszuführen. Zu Trainings-

zwecken habe ich diese Aktivitätsmuster in vier getrennte Phasen eingeteilt und sie in der Reihenfolge numeriert, in der sie zwischen den Ballwechseln auftreten.
In der ersten Phase unmittelbar nach Ende des Ballwechsels sind die Aktivitäten als eine Serie positiver Reaktionen zu erkennen, die den Fluß positiver Emotionen zu stimulieren scheinen. In Phase zwei zeigt sich ein Bewegungsmuster, das die Bemühungen des Körpers, sich vom Streß der vorangegangenen Ballwechsel zu erholen, zu unterstützen scheint. In Phase drei läßt sich ein mentales Aktivitätsmuster erkennen, das den Spielern hilft, intelligentes Tennis zu spielen und weiterhin auch unter Druck klar zu denken. Phase vier, die unmittelbar vor dem Beginn des nächsten Ballwechsels abläuft, zeigt ein Bewegungsmuster, das dem Spieler erlaubt, sich zu konzentrieren und optimal auf den nächsten Ballwechsel einzustellen.
Spitzenspieler erwerben diese Verhaltensmuster meist über Jahre hinweg in Hunderten von Stunden im Turniergeschehen. Wenn wir wissen, welche Bewegungs- und Verhaltensmuster für die Weltbesten typisch sind, kann uns das helfen zu verstehen, welche mentalen und motorischen Fähigkeiten für Wettkampferfolge notwendig sind. Gelingt es, diese vier Phasen zu vermitteln, erlernt der Spieler mentale Stärke in Wettkampfsituationen direkter und schneller. Im folgenden werden sie im Detail beschrieben.

Phase 1: Die positive körperliche Reaktion

Zweck	Ihre Reaktion soll den kontinuierlichen Fluß positiver Gefühle ermöglichen. Es soll verhindert werden, daß Ärger, Enttäuschung oder ähnliches den nächsten Ballwechsel stören könnten.
Beginn	Sobald der Ballwechsel abgeschlossen ist.
Dauer	3–5 Sekunden.
Richtiges Verhalten	Führen Sie sofort, nachdem der Ballwechsel beendet ist, kurz eine entschiedene Bewegung aus. Wenn Sie zum Beispiel den Punkt gewonnen haben, sollten Sie eine kurze Auf- und Abbewegung mit dem Arm mit geschlossener Faust machen. Hat Ihr Gegner einen tollen Schlag gemacht, können Sie zum Zeichen Ihres Beifalls mit der Hand gegen Ihre Schlägersaiten schlagen. Haben Sie den Punkt verloren, dann sollten Sie eine kurze, entschiedene Bewegung vom Ort des Fehlers wegmachen, so als wollten Sie mit Ihrem Körper sagen: »Überhaupt kein Problem.«

Wechseln Sie sofort Ihren Schläger in die Nicht-Schlaghand, um die Blutzirkulation in Ihrer Schlaghand und die Entspannung der Muskulatur zu erleichtern. Halten Sie den Schläger leicht und locker im Schwerpunkt, der Schlägerkopf sollte nach oben zeigen. Damit erzeugen Sie einen starken, zuversichtlichen Eindruck. Halten Sie Ihren Schläger nicht so, daß der Schlägerkopf nach unten hängt, weil das einen schwachen Eindruck vermittelt. Beide Arme sollten leicht gestreckt sein und locker seitlich hängen, um die Entspannung zu unterstützen. Die Schultern sollten zurückgenommen, der Kopf gehoben sein (das Kinn parallel zum Boden), die Augen sollten nach vorne unten gerichtet, der Blick energisch sein; das erweckt einen starken, hochgradig wettkampforientierten Eindruck.

Angemessene Gedanken Sie brauchen nichts zu sagen; aber wenn Sie sprechen, dann beachten Sie die folgenden Richtlinien: Wenn Sie den Punkt verloren haben, könnten Sie sagen »Kein Problem« oder »Laß gut sein«. Wenn Sie den Punkt verloren haben, weil der Gegner einen großartigen Ball geschlagen hat, können Sie »Gut gespielt« sagen. Das nimmt den Druck von Ihnen. Haben Sie den Punkt gewonnen, dann sagen Sie »ja« oder »komm«.

Phase 2: Die Entspannungsreaktion

Zweck Diese Phase soll dem Körper erlauben, sich von physischer Belastung und mentalem Streß des vorangegangenen Ballwechsels zu erholen und den Anregungszustand wieder optimal herzustellen.

Beginn 3–5 Sekunden nach Beendigung des Ballwechsels.

Dauer 6–15 Sekunden.

Richtiges Verhalten Gehen Sie energischen Schritts bis zur Grundlinie. Überschreiten Sie die Grundlinie und verlangsamen Sie jetzt den Schritt. Gehen Sie hinter der Grundlinie auf und ab. Sie könnten die Hände ausschütteln, sich strecken, den Schläger in der Hand drehen, den Ball auf den Saiten springen lassen oder sich in der Ecke abtrocknen. Atmen Sie so tief und langsam wie möglich. Ihre Augen sollten auf den Saiten oder auf dem Boden ruhen. Wichtig ist, daß Sie sich bewegen. Unter Anspannung oder Belastung wird das Blut in die Beine und Füße fließen und Sie langsamer machen. Gehen Sie auf keinen Fall einfach nur zurück zur

David Wheaton demonstriert

Phase 1: Positive körperliche Reaktion

Phase 2: Entspannung

Phase 3: Vorbereitung

Phase 4: Rituale zu Beginn des nächsten Ballwechsels

Grundlinie, um gleich den nächsten Ballwechsel zu beginnen. Überschreiten Sie immer die Grundlinie. Je stressiger der vorangegangene Ballwechsel war oder je wichtiger der nächste sein könnte, um so mehr Zeit sollten Sie sich in dieser Phase lassen.

Angemessene Gedanken Denken Sie lediglich an etwas Entspannendes, Beruhigendes wie: »Beruhige dich, alles ist o. k.« oder »Entspann dich«.

Phase 3: Die Vorbereitungsreaktion

Zweck Jetzt ist Zeit, sich den Spielstand bewußtzumachen und den Plan für den nächsten Ballwechsel festzulegen.

Beginn Sobald Sie zur Grundlinie gehen und sich zum Aufschlag oder Return bereit machen.

Dauer 3–5 Sekunden.

Richtiges Verhalten Nachdem Sie sich in Phase 2 erholt haben, sollten Sie sich in Richtung Ihrer Aufschlags- oder Returnposition begeben. Wenn Sie servieren, halten Sie ungefähr 50 cm vor Ihrer Aufschlagsposition an und machen eine kleine Pause. Sagen Sie den Spielstand laut und schauen Sie dabei Ihren Gegner an. Vermitteln Sie einen möglichst starken, zuversichtlichen und kämpferischen Eindruck. Schauen Sie sich David Wheaton auf Bild 3, Seite 127 an: Er wirkt stark und aggressiv. Sein Schläger ruht in seiner Nicht-Schlaghand, der Schlägerkopf zeigt nach oben, und er bläst in seine Hand. So sollen Sie in dieser Phase aussehen und sich fühlen.

Das gleiche gilt entsprechend fürs Retournieren. Der Rückschläger sollte einen möglichst selbstbewußten Eindruck erwecken und seinen Gegner so anschauen, als wolle er sagen: »Ich bin sicher, ich gewinne diesen Punkt.«

Angemessene Gedanken Während dieser kritischen Phase sollten Sie bewußt entscheiden, was Sie bei diesem Ballwechsel machen wollen. In gewisser Hinsicht programmieren Sie jetzt den Computer. Fragen Sie sich unter Berücksichtigung von Situation und Spielstand: »Was soll ich tun? Soll ich hinten bleiben, oder Serve-and-Volley spielen, auf den zweiten Aufschlag angreifen, einen langen Ballwechsel anstreben, voll durchziehen oder cross retournieren?« Planen Sie bewußt, was Sie bei diesem Ballwechsel tun, entweder mit Worten (»ans Netz gehen«) oder durch Bilder (Visualisieren).

Phase 4: Das automatisierte Ritual

Zweck Damit soll der höchste Grad an mentaler und physischer Bereitschaft vor dem Beginn des Ballwechsels erreicht werden. Diese Abfolge automatisierter Bewegungen vertieft die Konzentration, stellt ein Gleichgewicht von Intensität und angemessener Muskelentspannung her und produziert eine intuitive, automatisierte Form des Spiels.

Beginn Sobald der Spieler an der Grundlinie in seiner Position für Aufschlag oder Return steht.

Dauer 5–8 Sekunden.

Richtiges Verhalten Für den Aufschläger hat sich folgendes bewährt: Den Ball zwei- oder dreimal vor dem Aufschlag aufspringen lassen und dann nach dem letzten Aufspringen eine kleine Pause machen. Diese Pause scheint zu verhindern, daß der Spieler seine Aufschlagbewegung unter Druck zu hektisch ausführt. Beim Rückschlag gehört zum Beispiel zum Ritual, ein wenig auf der Stelle zu hüpfen oder ein bißchen vor- und zurückzuwippen. Manche Spieler drehen ihren Schläger, manche blasen in die Hand. Aber Ihre Augen sollten den Ball auf der anderen Seite fixieren. Das Rückschlagritual endet mit einer Vorwärtsbewegung unmittelbar bevor der Aufschläger den Ball trifft.

Angemessene Gedanken Konzentrieren Sie sich auf Ihr Service, wenn Sie aufschlagen, und auf den Rückschlag, wenn Sie Rückschläger sind. In dieser Situation sollten Sie nicht über Technik, Griff oder Strategie nachdenken. Die meisten Spieler profitieren von einer schnellen Visualisierung von Aufschlag oder Rückschlag einschließlich einer klaren Vorstellung, wohin der Ball gehen soll. Selbstgespräche sind während dieser Phase nicht empfehlenswert.

Wenn Sie den ersten Aufschlag verschlagen, sollten Sie das gleiche Ritual beim zweiten Aufschlag ablaufen lassen. Die Zeit zwischen dem ersten und dem zweiten Aufschlag sollte grundsätzlich 5–7 Sekunden dauern. Nehmen Sie sich mindestens 16–18 Sekunden zwischen den einzelnen Ballwechseln Zeit (den zweiten Aufschlag nicht eingerechnet).

Übung macht den Meister
Dieser Vier-Phasen-Ablauf wird Ihnen zuerst unnatürlich und erzwungen erscheinen, genau wie eine Veränderung eines Griffs oder eines Schlages. Nach ein wenig Übung werden die Phasen aber zur Routine und Ihnen sehr natürlich vorkommen.

- ▷ *Sie können die Abfolge am besten trainieren, wenn Sie die Phasen auf dem Tennisplatz ohne Gegner üben.*
- ▷ *Schauen Sie sich Videoaufnahmen von Spitzenspielern in den vier Phasen an und lassen Sie sich selbst auf Video im Match aufnehmen.*
- ▷ *Während Sie sich die Phasen aneignen, sollten Sie Ihrer Leistung zwischen den Ballwechseln mehr Aufmerksamkeit schenken als Ihrer Leistung während eines Ballwechsels. Streben Sie immer die perfekte Leistung an.*
- ▷ *Für einen Profispieler kann die Kontrolle über das Geschehen zwischen zwei Ballwechseln den kleinen Unterschied in einem langen Match ausmachen. Auch für Ihr Spiel kann das der entscheidende Unterschied sein.*

Der Situation gerecht werden

Zwischen den Ballwechseln helfen Ihnen Rituale, sich zu erholen, zu entspannen und Ihre Intensität auf den nächsten Ballwechsel auszurichten. Aber oft versagen Spieler bei den wichtigen Punkten trotz beständigen Spiels, trotz effektiver Rituale und trotz mentaler Stärke. Letztlich wird der Sieger in vielen Matches durch den Gewinn einiger weniger Schlüsselpunkte bestimmt. Diese entscheidenden Punkte sind es, die enormen Druck erzeugen und die kritische Phase in einem Match schaffen. Je nachdem, ob Sie die wichtigen Punkte gewinnen oder verlieren, ändern sich der psychische Druck und das Selbstvertrauen. Punkte im Tiebreak, Punkte zum Spielgewinn (insbesondere Breakbälle), Satzbälle und Matchbälle werden grundsätzlich als solche entscheidenden Punkte angesehen. Gute Wettkämpfer spielen in diesen Situationen gut, schlechte versagen regelmäßig.
Viele Fragen, die mir gestellt werden, drehen sich um die entscheidenden Punkte: »Warum versage ich bei wichtigen Punkten?«, »Warum kann ich bei wichtigen Punkten nicht gut spielen?«, »Warum spiele ich erst großartig, und wenn die entscheidenden Punkte kommen, fällt mein Spiel völlig auseinander?« sind solche typischen Fragen. Auf meine

Michael Stich bei einer Aufschlagstudie. Das variable Aufschlagspiel kann die Spielstrategie entscheidend beeinflussen.

Gegenfrage, weshalb sie bei den entscheidenden Punkten so schlecht spielen, geben sie alle die gleichen Gründe an: schlechte Konzentration, kein Killerinstinkt oder kein Selbstvertrauen. Derartige Erklärungen lassen sich selten in konstruktive Aktionen umsetzen.
Haben Sie bis zum Spiel-, Satz- oder Matchball gut gespielt und spielen dann plötzlich schlecht weiter, muß sich irgend etwas zum Negativen verändert haben. Das nennt man Versagen. Ein Spieler versagt bei den entscheidenden Punkten in einem der fünf folgenden Bereiche: Schlagtechnik, Spielstrategie, emotionale Reaktionen, körperliche Reaktionen oder mentale Reaktionen. Wenn Sie genau wissen, wie Sie unter dem Druck von entscheidenden Punkten zusammenbrechen, haben Sie schon den Schlüssel zur Korrektur Ihrer Aktionen. Wenn Sie erst einmal Ihre falschen Handlungsmuster und Wettkampfschwächen verstehen, können Sie trainieren, wie Sie sie abstellen.
Denken Sie daran: Wenn Sie nicht gewonnen haben, obwohl Sie hätten gewinnen müssen, dann hat irgend etwas versagt. Bei den meisten Spielern folgt ein derartiges Versagen einem ziemlich gut vorhersagbaren Muster. Verschwenden Sie Ihre Zeit nicht mit weitverbreiteter, aber kaum produktiver Selbstkritik, oder gegen Sie selbst gerichtetem Ärger oder Schuldgefühlen; verfolgen Sie lieber die Frage: Was hat versagt? Betrachten Sie jeden der fünf Bereiche separat und machen Sie sich langsam ein Bild davon, wie Sie unter dem Druck entscheidender Punkte typischerweise spielen.

Überprüfen Sie Ihre Schlagtechnik

Fragen Sie sich nach einem Match als erstes, ob Ihre Schläge bei entscheidenden Punkten funktioniert haben. Welche Schläge waren es, die unter Druck oder bei entscheidenden Punkten versagt haben? Hat die Vorhand, die Rückhand, der Aufschlag oder der Volley in kritischen Situationen nicht mehr funktioniert? Oder ist Ihr Angriffsball oder Schmetterball unter Druck mißlungen? Wenn bei den entscheidenden Punkten beispielsweise immer Ihre Vorhand versagt, dann liegt es sehr wahrscheinlich an der Schlagtechnik und nicht an Ihrer Psyche. Ihre Schlagtechnik sollte so gut sein, daß Sie, selbst wenn Sie nervös sind, noch ziemlich aggressiv Tennis spielen können, ohne zu viele vermeidbare Fehler zu machen. Nervosität ist nämlich ein guter Test dafür, wie solide Ihre Schläge sind.
Und wie steht es mit Ihrem zweiten Aufschlag? Wenn Sie oft bei entscheidenden Punkten Doppelfehler machen, dann ist das ein Alarmzeichen. Dieser Aufschlag ist in Situationen unter Druck der entscheidende Schlag. Ohne einen zuverlässigen zweiten Aufschlag, der auch unter

Druck aggressiv und lang geschlagen werden kann, ist es nahezu unmöglich, bei den entscheidenden Punkten stark zu sein. Tennisspieler sehen selten einen Zusammenhang zwischen der Qualität und Beständigkeit ihres zweiten Aufschlags und ihrer Spielstärke; deswegen trainieren sie auch selten ihren zweiten Aufschlag als Mittel, ihre mentale Stärke zu verbessern.
Es ist ganz einfach: Wenn ein Spieler schlecht spielt, macht er dafür häufig mentale Faktoren verantwortlich, auch wenn der eigentliche Grund ein technisch schwacher Schlag ist, der schon bei einer leichten Muskelverspannung nicht mehr gelingt. Mißlingt Ihnen der gleiche Schlag bei entscheidenden Punkten immer wieder, sollten Sie die Verbesserung der Schlagtechnik in den Mittelpunkt Ihrer Trainingsmaßnahmen stellen.

Bleiben Sie bei Ihrer Strategie

Viele Spieler meinen, sie müßten bei entscheidenden Punkten etwas Besonderes und ganz anderes tun. Infolgedessen ändern sie Taktik und Spielweise, die sie ja gerade in die positive Situation gebracht haben. Wenn Sie etwas zu hastig angehen, zum Beispiel ohne große Vorbereitung gleich einen gewinnbringenden Schlag ansetzen wollen, dann geht das meist schief. Natürlich ist die Versuchung groß, in einer entscheidenden Situation alles oder nichts zu spielen, weil dann der enorme Druck schnell vorbei ist.
Eine andere Beobachtung ist, daß viele Spieler ihre Taktik bei entscheidenden Punkten ändern und plötzlich den Ball übers Netz schieben in der Hoffnung, daß der Gegner einen Fehler macht. Wenn Sie sich bei diesen Punkten auf eine konservative, defensive Spielweise umstellen, um die Fehler auf einem Minimum zu halten, ist das genausowenig effektiv, wie zu hastig zu spielen oder zuviel zu wollen. Die alte Regel »Never change a winning game« gilt immer noch. Behalten Sie das bei, was Sie zu diesem entscheidenden Punkt gebracht hat. Sie werden am erfolgreichsten sein, wenn Sie lernen, bei entscheidenden Punkten offensives, aber kontrolliertes Tennis zu spielen. Werden Sie zum Angreifer und zwingen Sie Ihren Gegner zu einem Fehler, ohne daß Sie einen Fehler machen.
Um das tun zu können, müssen Sie Ihr eigenes Spiel gut kennen. Die generelle Strategie sollte lange vor dem Match geplant sein. Befolgen Sie diese Strategie nicht, bedeutet das, daß Ihr Spiel erfolglos bleibt.

Der Schock danach muß nicht sein

Erfahrene Tennisspieler haben selten Schwierigkeiten, emotional positiv und energiegeladen zu sein, wenn es darauf ankommt. Sie wissen, daß das die entscheidenden Momente sind, deswegen setzen sie sich meist hundertprozentig ein und gehen positiv an die Situation heran. Wie kann man also bei entscheidenden Punkten emotional zusammenbrechen? Das geschieht meist nach Ende des Ballwechsels, wenn ein solcher Punkt verloren wurde. Ein Spieler, der Punkte meist unter Druck gewinnt, wird bei Verlust eines wichtigen Punktes nicht übermäßig ärgerlich, frustriert oder negativ. Andererseits verzweifeln viele Spieler oft, wenn sie einen wichtigen Breakball verlieren. Der Spieler macht sich klar, wie wichtig der Punkt gewesen wäre, hat danach keine positive Einstellung mehr und setzt sich auch nicht mehr voll ein. Und gerade das wird zum matchentscheidenden Faktor.
Und was ist mit dem Verkrampfen? Nervosität bei entscheidenden Punkten ist nicht das eigentliche Problem. Tatsache ist, daß ein Tennisspieler in kritischen Augenblicken sehr wahrscheinlich Nervosität zeigt. Aber nicht sie erzeugt den Zusammenbruch, sondern die Reaktion des Spielers auf die Nervosität: wie er mit seinen Schlägen reagiert, seiner Strategie, seinen negativen Emotionen usw.

Kontrollieren Sie Ihr Verhalten

Wichtig ist hier, daß Sie nach unproduktiven Veränderungen im physischen Bereich forschen, die vor oder nach einem entscheidenden Punkt oder auch währenddessen auftreten. Die Antworten auf die folgenden Fragen sollen solche Veränderungen verdeutlichen:

- Gehen Sie schneller, oder nehmen Sie sich weniger Zeit bei entscheidenden Punkten?
- Wandert Ihr Blick häufiger bei entscheidenden Punkten, oder lassen Sie zwischen den Ballwechseln Ihre Augen auf den Saiten, dem Boden oder dem Ball ruhen?
- Behalten Sie Ihre normalen Rituale bei, wie den Ball auftицken lassen, das Hemd in die Hose stecken, in die Hand blasen, ehe der Ballwechsel beginnt?
- Wie steht es mit Ihrer Atmung? Ändert sich Ihre Atmung?
- Vermitteln Sie einen starken, zuversichtlichen, entspannten Eindruck bei entscheidenden Punkten, unabhängig davon, wie Sie sich wirklich fühlen? Oder sehen Sie plötzlich geschlagen aus und lassen den Kopf, die Schultern und den Schläger hängen, wenn Sie einen entscheidenden Punkt verloren haben?

In kurzer Zeit ganz weit oben. Marc Kevin Goellner gehört heute zu den Hoffnungsträgern im deutschen Tennis.

Wenn Sie in irgendeinem dieser Bereiche keine beständige Leistung bringen, werden Sie auch die entscheidenden Punkte nicht wirklich gut spielen können. Sie müssen erst diese Mängel ausgleichen, ehe Sie in der Lage sind, die entscheidenden Punkte für sich zu entscheiden.

Kontrollieren Sie Ihre Gedanken

Es gibt drei typische Denkmuster, die bei entscheidenden Punkten zum Versagen führen. Erstens: Der Spieler erwartet den Mißerfolg, da er zuvor bei entscheidenden Punkten schlecht gespielt hat. Zum Beispiel: »Nachdem ich schon drei Satzbälle vergeben habe, kann ich bestimmt nicht mehr gewinnen«, oder »Jetzt mach ich's wieder genauso, verkrampfe beim entscheidenden Punkt; ich bin wirklich ein miserabler Spieler!«
Zweitens: Negative Selbstgespräche. Der Speicher verbalisiert die negativen Denkmuster. Selbstbeschimpfung, weil man im entscheidenden Moment so schlecht spielt, macht die Sache nur schlimmer. Negative Selbstgespräche blockieren die Möglichkeiten, entscheidende Punkte gut zu spielen.
Drittens: Negatives Visualisieren. Spieler, die bei entscheidenden Punkten Probleme haben, visualisieren vor dem Beginn des Ballwechsels häufig genau das, was *nicht* geschehen soll. Sie stellen sich vor, nur keinen Doppelfehler zu machen, den Ball auf keinen Fall ins Netz zu schlagen, bloß keinen dummen Fehler zu machen. Und was sie dann tun, ist genau das, wovor sie Angst hatten: Doppelfehler, Schlag ins Netz usw. Wer die entscheidenden Punkte gut spielt, hat gelernt, sich klar und deutlich vorzustellen, was geschehen soll.

Denken Sie daran: Wenn Sie die entscheidenden Punkte nicht gut spielen können, dann liegt es daran, daß irgend etwas an Ihrem Spiel nicht mehr funktioniert. Erst wenn Sie verstehen, wie es dazu kommt, haben Sie die Möglichkeit, sich zu verbessern. Fangen Sie damit an, daß Sie sich ganz genau klarmachen, was typischerweise mit Ihnen unter dem Druck eines entscheidenden Punktes geschieht. Überprüfen Sie alle fünf verschiedenen Bereiche. Dann sollten Sie festlegen, was Sie in Ihrem nächsten Match bei entscheidenden Punkten anders machen wollen; setzen Sie sich ganz bestimmte Ziele. Wenn Ihr eigenes Spiel nicht »auseinanderfällt«, dann sind Sie stark in den entscheidenden Momenten. Beginnen Sie heute noch damit, so an sich selbst zu arbeiten, daß aus möglichen Zusammenbrüchen Durchbrüche werden.

Umgang mit zweifelhaften Schiedsrichterentscheidungen

Für viele Spieler sind fragliche Entscheidungen schwieriger zu bewältigen als entscheidende Punkte. Vielleicht erinnern Sie sich an Wimbledon 1988 und an das klassische Semifinale zwischen Martina Navratilova und Chris Evert. Chris Evert schlägt bei einem Spielstand von 5:6 und 30:40 auf, vierter Matchball. Navratilova greift mit einem langen Ball auf Everts Vorhand an. Chris kontert mit einem extremen Cross-Passierball, den Martina nicht erreichen kann. Der Ball berührt jedoch die Netzkante und landet äußerst nahe an der Seitenlinie. Evert denkt, der Ball sei gut, dreht sich um und geht in Richtung rechtes Aufschlagfeld. Navratilova, die nicht weiß, ob der Ball »gut« oder »aus« war, schaut besorgt zum Linienrichter. Nach kurzem Zögern signalisiert er »aus«. Navratilova springt in die Luft und hebt als Siegerin ihren Arm. Aber der Schiedsrichter sagt nichts. Ist das Match vorbei? Es kommt kein »Spiel, Satz und Sieg« vom Schiedsrichter. Die Menge wartet. Alle sind verdutzt. Martina Navratilova nähert sich dem Schiedsrichterstuhl. »Der Ball war aus, nicht wahr?« Der Schiedsrichter nickt bejahend. Immer noch keine Aussage. Martina wendet sich wieder an den Schiedsrichter und meint: »Das ist das Match, nicht wahr?« Er nickt wieder. Die Menge ist aufgebracht. Und der Schiedsrichter schweigt.

So ein großartiges Spiel hätte niemals in einer so merkwürdigen Weise enden dürfen. Die Zuschauer fühlten sich betrogen, weil sie meinten, daß das Drama noch nicht zu Ende sei. Evert fühlte sich betrogen, weil sie dachte, daß der Ball »gut« und der Spielstand Einstand sei. Navratilova fühlte sich betrogen, weil sie den Sieg nicht voll genießen konnte.

Was war schiefgelaufen? Was hätte geschehen sollen? Viele meinten, daß der Punkt wiederholt hätte werden sollen. Aber Martina war nicht sicher, ob der Ball »gut« war. Sie hatte sich sofort an denjenigen gewandt, der offiziell dazu ausersehen war, die Entscheidung zu treffen, und der hatte den Ball im Aus gesehen. Sollte Martina den Linienrichter überstimmen, wenn sie selbst nicht sicher war? Und wenn der Schiedsrichter den Linienrichter überstimmt hätte, wenn er nicht sicher war? Allerdings kann der Schiedsrichter kaum einen so knappen Ball auf der anderen Seite des Platzes überstimmen, das wäre unverzeihlich.

Meiner Meinung nach hatte der Schiedsrichter nur eine Möglichkeit: sich zu versichern, daß der Linienrichter wirklich »aus« gerufen hatte, und dann die Ansage: »Spiel, Satz und Sieg.«

Wäre die Situation anders gewesen, wenn es in diesem Match keinen Linienrichter gegeben hätte? Wir spielen meistens unsere Matches ohne einen Unparteiischen. Navratilova hätte ohne einen Linienrichter den Ball »gut« geben müssen, da man im Zweifelsfall für den Gegner entscheiden muß. Dann hätte es Einstand geheißen, und vielleicht wäre ein völlig anderes Ende erfolgt.

Zweifelhafte Entscheidungen erzeugen erheblichen Druck und Frustration bei den meisten Spielern. Wenn Bruchteile von Zentimetern »gut« von »aus« trennen, wenn die Bälle Geschwindigkeiten von über 150 Kilometer pro Stunde haben, wenn Spieler laufen und springen und in alle Richtungen sprinten und dabei dann noch auf die Linien schauen müssen, dann ist es nicht verwunderlich, daß Fehler vorkommen. Selbst völlig objektive professionelle Linienrichter, die bewegungslos dasitzen und mit ihren Augen die Linien fixieren, sind weit davon entfernt, perfekt zu sein. Falsche Entscheidungen sind im Tennis unvermeidbar. Sie treten in vielen Formen auf und stellen sich meist zu den ungelegensten Zeiten ein. Einige werden absichtlich, einige unabsichtlich gemacht. Aber wenn Sie falsche Entscheidungen nicht aushalten können, sind Sie in der falschen Sportart. Tennis ist nun einmal so. Für den Spieler ist es wichtig, daß er mit falschen Entscheidungen in der Weise fertig wird, daß sie ihn am Ende nicht das Match kosten.

Eine typische Szene läuft meist so ab: Bei der ersten falschen Entscheidung sagt der Spieler nichts, sondern schaut den Gegner nur eindringlich an. Beim zweitenmal bezweifelt er die Entscheidung. Er hat das Gefühl, sich verteidigen zu müssen, und sagt etwa »Nein, der Ball war gut«, oder »Den Ball kannst du doch nicht aus geben, der war deutlich gut«. Er glaubt einfach, daß er für sein Recht kämpfen und den Gegner wissen lassen muß, daß dieser mit Schummeln nicht durchkommt.

Von diesem Zeitpunkt an eskaliert der Konflikt. Da die Entscheidung des Gegners angezweifelt wird, ist dessen Integrität in Frage gestellt. Und das bedeutet Krieg. Jetzt verteidigt sich der Gegner unsachlich. Es gibt keine Möglichkeit mehr, daß dieser seine Entscheidung ändert, denn damit würde er seine Schuld eingestehen. Darüber hinaus wird er wahrscheinlich nun jeden knappen Ball »aus« geben. Jetzt aber wird ersterer wild. Da er überzeugt ist, daß er bei jedem knappen Ball von seinem Opponenten beschummelt wird, dreht er durch. Er ist emotional so aus dem Gleichgewicht, daß er nichts mehr trifft. Das Ganze kann damit enden, daß er gegen einen viel schwächeren Spieler verliert, sich als Opfer fühlt und frustriert den Platz verläßt.

Haben Sie erst einmal die Integrität Ihres Gegners bezweifelt, gibt es nur noch eine Chance: Sehen Sie sich rechtzeitig nach einem Linienrichter um. Aber meistens ist keiner da.

Ich schlage für den Umgang mit falschen Entscheidungen folgendes vor (dabei ist es sehr wichtig, daß Sie im voraus genau planen, was Sie tun wollen):

- Erkundigen Sie sich vor dem Match, ob Linienrichter für den Notfall zur Verfügung stehen.
- Nehmen Sie an, daß die meisten Entscheidungen korrekt sind und es sich bei Fehlentscheidungen Ihres Gegners wirklich um Irrtümer handelt.
- Stellen Sie niemals die Integrität Ihres Gegners in Frage, indem Sie ihn direkt oder indirekt des Schummelns bezichtigen.
- Wenn Sie Ihrer Meinung nach immer wieder falsche Entscheidungen bekommen, dann sollten Sie Ihre Besorgnis folgendermaßen ausdrücken:
  1. Bitten Sie um einen Linienrichter, indem Sie höflich sagen, Sie würden gerne bei Entscheidungen Unterstützung haben.
  2. Fragen Sie noch einmal höflich nach, wenn Ihrer Meinung nach die Entscheidung völlig falsch war. Fragen Sie etwa: »Bist du sicher?« oder »War der Ball gut?« Geben Sie Ihrem Gegner eine Chance, seine Entscheidung rückgängig zu machen, ohne daß er das Gesicht verliert.
  3. Nehmen Sie bei zweifelhaften Entscheidungen entweder einfach an, daß Ihre Meinung falsch war oder daß Ihr Gegner den Fehler unabsichtlich gemacht hat.
- Wenn Sie überzeugt davon sind, daß Sie beschummelt werden, und es ist kein Linienrichter da, hängen Sie sich ins Spiel rein, und fühlen Sie sich herausgefordert. Spielen Sie besser und entschlossener. Beschweren Sie sich nicht und suchen Sie nicht nach Entschuldigungen. Sie weigern sich lediglich, gegen jemanden zu verlieren, der bewußt falsche Entscheidungen trifft.

Aus dem Umgang mit Tennisspielern weiß ich, daß der Gegner auf lange Sicht korrektere Entscheidungen trifft, sofern Sie ihn respektieren. Außerdem werden Sie selbst sich auch besser in der Kontrolle haben, was Emotionen angeht. Als Faustregel gilt: Wenn Sie davon ausgehen, daß Ihr Gegner ehrlich ist, dann wird er sich auch bemühen, dies unter Beweis zu stellen. In den meisten Fällen werden die Ergebnisse eines Matches viel mehr von den Reaktionen auf falsche Entscheidungen beeinflußt als durch die falschen Entscheidungen selbst. Deswegen sollten Sie nicht überrascht sein, wenn eine falsche Entscheidung gegen Sie getroffen wird, und Sie sollten nicht verrückt spielen, wenn es geschieht.

Im Tollhaus überleben

Wenn Sie Ihre Rituale zwischen zwei Ballwechseln wirklich testen wollen, dann sollten Sie sich die Situation in der ersten Runde des Davis Cup im März 1987 vorstellen, als die USA in Paraguay gegen das dortige Team spielten und verloren.
(**Anmerkung des Verlags:** Für deutsche Leser ist die hier beschriebene Atmosphäre besser vorstellbar, wenn sie an die Begegnung im Davis Cup zwischen der deutschen Mannschaft und Argentinien in Buenos Aires im Frühjahr 1990 denken.)
»Es ist unmöglich zu verstehen, was dort los war, wenn man nicht dabei gewesen ist«, meint Herb Krickstein, der Vater des Davis-Cup-Spielers Aaron Krickstein. »Im Fernsehen konnte man das nicht richtig sehen. Es war unglaublich.«
Was hätten Sie getan, wenn es beim Seitenwechsel Steine und Flaschendeckel geregnet hätte sowie obszöne und erniedrigende rassistische Zurufe auf Sie eingedrungen wären? Nach nahezu jedem Ballwechsel erfolgte ein Trommelwirbel, und jeder Ball, der auch nur in der Nähe der Linie war, wurde »aus« gerufen. Zuschauer bespuckten die Spieler, wenn sie dicht an die Bande kamen.
Es ging um den Davis Cup. Und in der Karriere eines Spielers ist das wahrscheinlich das wichtigste Ereignis überhaupt. Ihre Landsleute setzen alles in Sie, die Kameras surren, die Menge spielt verrückt, die Welt schaut zu, und Ihr Gegner wächst über sich selbst hinaus. Es kann nicht wahr sein, aber es ist so. Es ist kein Traum. Sie haben Aufschlag und ein Flaschendeckel landet auf Ihren Saiten, der Linienrichter lacht, und die Menge hinter Ihnen schreit: »Raus mit den Yankees, raus!« während Sie aufschlagen.
Was hätten Sie getan? Die amerikanischen Spieler unterlagen Paraguay 2:3, aber Jimmy Arias, Aaron Krickstein, Ken Flach, Robert Seguso und Mannschaftskapitän Tom Gorman verdienten Lob, weil sie unter äußerst schwierigen Bedingungen die mentale Kontrolle nicht verloren haben. Jeder Spieler, sogar ein Spieler auf Clubniveau, kann aus diesem Match etwas für sein eigenes Spiel lernen.

Für Andre Agassi ist es wichtig, die rechte Balance zwischen Spaß und Kampfbereitschaft zu finden.

Richtiges Verhalten in bestimmten Situationen

Was ist zu tun, wenn Ihre beste Waffe nicht funktioniert?

Was sollen Sie tun, wenn Ihre beste Waffe nicht funktioniert? Was ist, wenn einfach die punktebringende Vorhand nicht mehr kommt? Der Spieler, dem das passiert, probiert es vielleicht mit defensivem Spiel. Diese Strategie ist möglicherweise eine Zeitlang erfolgreich; aber sobald er versucht, wieder aggressiv zu spielen und die Vorhand voll durchzuziehen, gelingt es nicht.
Wenn Sie immer schnell und scharf schlagen, sollten Sie das nicht vollständig ändern. Spielen Sie etwas weniger schnell und ohne übermäßiges Risiko, aber spielen Sie aggressiv. Wenn Sie erst einmal damit anfangen, den Ball nur noch vorsichtig über das Netz zu schieben, haben Sie Ihre Spielweise verändert, und es ist schwierig für Sie, im restlichen Match Ihre beste Waffe wieder einsetzen zu können. Ihr Kampfgeist wird verringert sein, und das ist viel entscheidender.

Was sollten Sie tun, wenn Ihr Gegner »Traumtennis« spielt?

Wenn Ihrem Gegner alles gelingt, sollten Sie einfach dranbleiben, so wie Krickstein es in dem oben angesprochenen Davis-Cup-Match gemacht hat. Lassen Sie sich nicht einschüchtern. Versuchen Sie nicht, Ihren persönlichen Stil zu ändern und unglaubliche Schläge zu produzieren. Bleiben Sie sich treu und seien Sie vorbereitet, wenn Ihr Gegner wieder auf den Boden der Tatsachen zurückkehrt.

Wie werden Sie mit dem Druck bei entscheidenden Punkten im Doppel fertig?

Es ist äußerst wichtig, nicht zuzulassen, daß irgend etwas das Verständnis zwischen Ihnen und Ihrem Partner trübt. Gehen Sie mit dem Druck gemeinsam wie ein Team um. Gegenseitige Unterstützung und Teamgeist sind die richtigen Antworten, wenn Sie im Doppel unter Druck stehen. Sobald Sie im Doppel den Druck zwischen sich und Ihren Partner kommen lassen, haben Sie verloren.

Wie können Sie sich beherrschen, wenn Sie beschummelt werden?

Kein Mißgeschick kann Sie zwingen, Ihre ethischen Maßstäbe, Ihre Vorstellungen von Fairneß und Ihren Stolz auf sich selbst aufzugeben. Hier gilt immer noch: »Es gibt keine Entschuldigung.«

Wie können Sie Ihre Konzentration behalten, wenn Sie abgelenkt werden?

Daß Fluglärm, Rasenmäher, Hundegebell und Gespräche unsere Konzentration stören, kann nur geschehen, weil wir es zulassen, daß diese Lärmquellen unsere Emotionen beeinflussen. Wir fangen an, diese irritierenden Geräusche mit unseren Fehlern in Verbindung zu bringen; sie werden zu bequemen Entschuldigungen. Als Resultat werden wir immer mehr verärgert, aufgebracht, ja sogar wütend. Und genau dann verlieren wir unsere Konzentration. Mir scheint es am besten, wenn Sie einfach »ich mag das, ich mag das, ich mag das« zu sich selbst sagen, dann können Sie sich Ihre positive emotionale Konzentrationslage erhalten. Je mehr Sie das Ganze mögen, desto weniger können solche äußeren Störungen Sie beunruhigen.

Wie bereiten Sie sich auf einen starken Gegner vor, gegen den Sie aber gewinnen sollten?

In einer derartigen Situation sollten Sie sich als erstes klarmachen, was auf Sie zukommt. Stellen Sie sich mental darauf ein, daß Ihr Gegner unglaubliche Schläge beherrscht und vielleicht sogar zeitweilig »Traumtennis« spielt. Und weil Sie es erwartet haben, regt es Sie nicht auf und entmutigt Sie auch nicht. Wenn Sie nicht in Panik geraten, dann können Sie die Gelegenheit am Schopfe packen, sobald Ihr Gegner wieder wie gewöhnlich spielt. Nur selten wird Ihr Gegner das ganze Match hindurch so außergewöhnlich gut spielen, es sei denn, er spürt Ihre Entmutigung und Frustration.

Bereiten Sie sich darauf vor, daß Sie nervöser und zögernder als normal sind. Widerstehen Sie der Versuchung, defensives Sicherheitstennis zu spielen. Behalten Sie den Stil bei, den Sie normalerweise spielen, selbst wenn Sie Fehler machen sollten. Behalten Sie die Taktik bei, mit der Sie sonst erfolgreich sind; irgendwann werden die Bälle auf dem Platz landen. Es ist wichtig, daran zu denken, daß Sie unter großem Druck stehen, Ihr Gegner aber unter sehr geringem, und das macht die Sache ziemlich ausgeglichen. Es ist zu Ihrem Vorteil, wenn Sie emotional stark bleiben und sich darauf konzentrieren, bei jedem Ballwechsel Ihr Bestes zu geben. Da Sie nicht gegen jemanden verlieren möchten, der schwächer ist als Sie, sind Entschuldigungen, Abschalten oder Ärger verführerische Alternativen. Aber es sind Fallen. Sie werden nur gewinnen, wenn Sie Ihr Ego unter Kontrolle behalten und emotional stark bleiben.

Wie können Sie vermeiden, einen Satz zu verlieren, in dem Sie 5:2 führen?

Bei 5:1 oder 5:2 hat Ihr Gegner nichts mehr zu verlieren, deswegen geht er oft aufs Ganze. Wenn ein Spieler hoffnungslos zurückliegt, spielt er häufig aggressiver, legt seine Nervosität ab und spielt besser. Liegt ein Spieler hingegen in Führung, wird er leicht nervös und beginnt, verhalten zu spielen, weil er nicht mehr verlieren möchte. Diese Kombination gipfelt oft in dem Ergebnis, daß der führende Spieler ein oder zwei Spiele und manchmal sogar den Satz verliert.

Zwei Dinge sind in derartigen Situationen wichtig. Erstens: Seien Sie nicht überrascht, wenn Ihr Gegner jetzt einen oder zwei tolle Schläge macht. Rechnen Sie damit! Wahrscheinlich steigert sich Ihr Gegner. Verfallen Sie nicht in Panik, es ist nur vorübergehend. Zweitens: Widersetzen Sie sich so stark wie möglich der Versuchung, vorsichtig zu spielen. Versuchen Sie, die Situation in Ihrer Vorstellung umzukehren, und spielen Sie so, als stünde es 2:5 gegen Sie. Spielen Sie so weiter, wie Sie bis zur 5:2-Führung gespielt haben. Spielen Sie aggressiv.

7

Ziele und Einstellungen

Machen Sie das Beste aus Ihrem Spiel

In der Tenniswelt gibt es viele Dämonen, die nur darauf warten, diese Sportart schwieriger, komplexer, frustrierender und sogar beängstigender zu machen, als sie sein sollte. Schlechte Spielbedingungen, Verletzungen, Nervosität und Streß verschwören sich, um die Freude der Spieler am Tennis zu beeinträchtigen.

Sie brauchen nur zwei Dinge, um diese Dämonen bekämpfen zu können: die rechte Einstellung und konstruktive Ziele. Die richtige Einstellung heißt, stets daran zu denken, daß Tennis ein Spiel ist – ein Freizeitspiel, das den größten Spaß macht, wenn man sich realistische, erreichbare Ziele setzt und daran arbeitet, diese Ziele mit Enthusiasmus zu erreichen, und sich durch das Wissen belohnt fühlt, daß man sein Bestes gegeben hat, ein fairer Sportler war und vom Wettkampf körperlich, geistig und emotional profitiert hat.

Tennis kann auch als eine Art Geisteszustand angesehen werden. Und wenn Sie Gefallen an der großartigen Bewegung und dem herausfordernden Test Ihrer Fähigkeiten finden, wenn es Sie reizt und Sie Spaß daran haben, daß jeder Tag Ihnen die Gelegenheit gibt, Ihre Fertigkeiten zu verbessern, und jedes Match Ihnen die Chance bietet, Ihr allerbestes Tennis zu spielen, dann werden Sie die Tennis-»Dämonen« beiseite scheuchen und ein Leben lang Gewinn aus dem Tennisspiel ziehen.

Ein Musterschüler

Wenn Sie sich wünschen, mehr Spaß beim Tennis zu haben, oder wenn Sie glauben, Tennis gibt Ihnen nicht soviel wie anderen Leuten, aus welchem Grund auch immer – einer etwas negativen Einstellung, Intoleranz gegenüber Niederlagen, Verachtung der Mittelmäßigkeit –, dann gibt es immer noch Hoffnung für Sie. Ihre Einstellung gegenüber Tennis kann sich ändern. Die von Andre Agassi hat sich geändert. Es gibt viele

aufregende Eigenschaften an Agassi, aber die signifikanteste und seltsamste ist die dramatische emotionale Veränderung, die er zwei Jahre, ehe er 1988 die Nummer 3 in der Welt wurde, durchgemacht hat.
Als ich das erste Mal zu der Nick Bollettieri Tennis Academy kam, sah ich einen lebhaften Teenager, dessen körperliche Brillanz hier und da aufblitzte, der auf der emotionalen Ebene aber eine bunte Mischung verschiedenster Eigenschaften aufwies: getrieben, launisch, zornig, ehrgeizig, temperamentvoll, gereizt, nervös und unberechenbar. Aber plötzlich hat sich Agassi zu einem Spieler von ungewöhnlicher Ausstrahlung, Ausgeglichenheit, Urteilsfähigkeit, Reife und Kontrolle entwickelt. Seine emotionale Kehrtwendung ist in ihrer Art einzigartig, und für mich als Sportpsychologe steht er ganz oben auf meiner Rangliste. Daß er so plötzlich seinen Ehrgeiz und seinen Kampfgeist mit einem derartigen Maß an Wahrnehmungsvermögen, Fairneß, Humor und positiver Einstellung in Einklang gebracht hat, ist wirklich erstaunlich.
Ist das denn möglich? Ich glaube, ja. Agassis Aussagen dazu sind verblüffend: »Bis 1986 war ich ehrgeizig, konnte aber nur den Sieg akzeptieren. Gewinnen bedeutete mir alles. Wenn ich nicht gewonnen habe, konnte ich nicht damit fertig werden. Ich war sehr egozentrisch. Ich habe eingesehen, daß meine Probleme auf dem Tennisplatz eigentlich Probleme in mir selbst waren, die mit dem Tennis nichts zu tun haben.«
Agassi verweist auf zwei starke Kräfte, die diese emotionale Umkehr mitbewirkten. Die erste war die Wiederbelebung seines christlichen Glaubens, und die zweite war das unerschütterliche Vertrauen, das Bollettieri ihm gegenüber in den schwierigen Zeiten zeigte. Nach Agassis Aussagen hat sein Glaube den Druck verringert, unbedingt gewinnen zu müssen. Und Bollettieri erhielt in ihm den Glauben an sich selbst, bis sein Talent sich schließlich durchsetzte.
»Ich habe wirklich schwierige Zeiten durchgemacht, ehe ich die Verantwortung für mich selbst übernehmen konnte«, erinnert sich Agassi. »Jetzt spiele ich für mich selbst, und das macht einen großen Unterschied. Wenn man für jemand anderen spielt, fühlt man sich sehr einsam. Plötzlich habe ich gemerkt, daß ich sehr wettkampforientiert sein und trotzdem meinen Gegner für einen guten Schlag loben kann. Und das ist keine Fassade. Der Gedanke an eine Niederlage stört mich jetzt nicht mehr. Es stört mich nur, wenn ich mich nicht hundertprozentig eingesetzt habe. Der Druck ist also weg. Wenn ich verliere, dann verliere ich eben. Ich weiß jetzt, daß mein Talent sich durchsetzen wird, wenn ich positiv bleibe und weiterarbeite.«
Ich bin sehr gespannt, wie es mit Agassi weitergeht. Ich denke, daß er einen großartigen Einfluß auf die jungen Spieler in diesem Lande haben kann. Sein Auftreten auf dem Tennisplatz, seine Präsenz und Fairneß, seine mentale Stärke sind fabelhafte Beispiele für andere. Daß er selbst

sich so verändert hat, bestätigt, daß ein Tennisspieler bei Fairneß und Wahrnehmungsfähigkeit keine Kompromisse schließen muß, auch wenn er ehrgeizig ist. Ganz im Gegenteil. Als Agassi die rechte Balance erreicht hatte, wurde Tennis für ihn zum Spaß, und zugleich wurde er zu der faszinierenden Persönlichkeit, die er heute ist.

Die Ziele neu definieren

Die dem Tennis eigene Dynamik macht es so attraktiv. Die Spielbedingungen, die Gegner und das eigene Spiel ändern sich laufend. Auch das mentale Spiel ändert sich, es entwickelt sich. Der Anfänger muß wirklich wollen und eine enthusiastische Einstellung haben, wenn er die Schläge lernt; der etwas fortgeschrittene Spieler beginnt, über Taktik nachzudenken und wie er einen Gegner überlisten kann; der weiter fortgeschrittene Spieler entwickelt mentale Stärke.

Manchmal jedoch scheinen die Fertigkeiten eines Spielers mitten in seiner Karriere abzunehmen. Das heißt nicht, daß der ehemalige Spitzenspieler mentale Stärke nicht mehr braucht, ganz im Gegenteil! Das ist der Zeitpunkt, wenn der Spieler sich von der normalen mentalen Stärke zur extra-mentalen Stärke steigert.

Wo liegt der Unterschied? Mentale Stärke bedeutet normalerweise lediglich entscheidende Punkte, große Spiele und große Turniere gewinnen, niemals aufgeben, tolle Bälle schlagen – das Übliche eben. Die extreme mentale Stärke ist für besondere Situationen wie Rollstuhltennis, mit starken Schmerzen oder mit Verletzungen spielen. Dieses »Extra« brauchen auch Kinder, die unter dem höchst belastenden Einfluß zu engagierter, unvernünftiger und übereifriger Eltern spielen. Noch etwas sollte dieser Liste hinzugefügt werden. Man kann es »das Elend des ausgedienten Kriegers« nennen.

Die Szenerie sieht meistens so aus: Sie sind stets stolz auf Ihre Leistungen im Tennis gewesen. Als Jugendlicher hatten Sie immer einen Ranglistenplatz. Als Collegespieler haben Sie gegen die besten Gegner gut abgeschnitten. Sie sind sogar einmal in der nationalen Rangliste gewesen. Sie sind kein Späteinsteiger im Tennis, Sie waren von Anfang an dabei. In Ihrer Vorstellung sind Sie schon seit jeher ein echter Turnierspieler. Sie sind kein Freizeitspieler, und Sie besitzen eine Menge verstaubter Trophäen, um das beweisen zu können. Sie sind stolz darauf, daß Sie als Jugendlicher und im College immer das Image des tollen Kämpfers hatten. Keiner konnte Sie ohne großen Kampf schlagen!

Und heute? Nun, Sie kämpfen immer noch, aber der Rest – Ihre Augen, Ihre Hände, Ihre Füße, Ihre Fertigkeiten, die sind nicht mehr dieselben.

Sie verlieren gegen Spieler, die nicht einmal auf demselben Platz mit Ihnen spielen sollten. Spieler, die noch vor fünf Jahren nicht ein Spiel gegen Sie gewinnen konnten. Ein Freizeitspieler, der erst seit dreieinhalb Jahren spielt, hat es gestern bis zum Tiebreak gegen Sie gebracht. Der Typ spielt zwei bis drei Stunden täglich, ißt, trinkt und schläft nur fürs Tennis. Wenn Sie gegen den verloren hätten, wäre es aus gewesen.
Und am peinlichsten ist, daß Sie beide gleich alt sind. Er wird jede Woche besser und Sie immer schlechter. Er ist großartig in Form und spielt täglich, Sie sind in grauenhafter Form und trainieren nie. Er nimmt entweder Privatstunden, spielt gegen die Ballmaschine, läuft einen Marathon oder besteigt den Mount Everest. Es ist widerlich. Sie möchten wissen, wie er seinen Lebensunterhalt verdient. Sie haben nämlich nicht soviel Zeit. Ihr Geschäft verbraucht Sie völlig. Sie können froh sein, wenn Sie dazukommen, einmal in der Woche ein Match zu machen. Das ist nicht fair. Alle diese Jahre, die Sie Tennis gespielt haben, bedeuten plötzlich nichts mehr. Niemand erkennt das an. Sie verkommen zum Freizeitspieler. Ihr Ego kann das nicht aushalten. Man tuschelt schon über Sie. Sie äußern häufiger starken Unmut, haben schlechte Laune und sind unfreundlich während eines Spiels; früher war das bei Ihnen undenkbar. Am vorigen Wochenende hat Ihnen Ihre Frau nach einem Mixed in Ihrem Club mit Scheidung gedroht. Sie haben einen ziemlichen Narren aus sich gemacht. Was ist nur mit Ihnen los?
Ihr Ego geht zu Bruch. Und das bringt für jeden Schwierigkeiten. Sie haben sich selbst eine fatale Kombination geschaffen: hohe Hoffnung auf Erfolg, ein verbissenes, ehrgeiziges Ego – und keine Zeit zum Training.
Was sollten Sie tun? Diese Szenerie trifft eigentlich auf alle zu, deren Lebenslauf zu komplex ist, um regelmäßig trainieren und spielen zu können. Es gibt drei Möglichkeiten, diesen Konflikt zu lösen. Die erste ist, das Ganze einfach hinzuschmeißen – mit dem Tennis völlig aufzuhören. Wenn Sie aufhören, verschwindet das Problem. Es scheint verführerisch, aber Sie sind nie jemand gewesen, der etwas aufgibt. Aufhören wäre gleichbedeutend mit Rückzug. Das scheint Ihnen nicht das Richtige, außerdem brauchen Sie ein bißchen Bewegung, und Ihnen gefallen trotz aller Probleme auch die gesellschaftlichen Kontakte.
Die zweite Möglichkeit liegt auf der Hand: Sie schaffen in Ihrem verrückten Zeitplan einfach ein bißchen mehr Platz fürs Tennis. Sie machen Tennis zu einer der Prioritäten Ihres Lebens und planen dementsprechend. Wahrscheinlich müssen Sie dafür an anderer Stelle einige attraktive Aktivitäten aufgeben; aber wenn Ihnen Tennis so wichtig ist, werden Sie das trotzdem tun. Doch seien Sie realistisch! Der Bursche, der erst seit dreieinhalb Jahren Tennis spielt, ist so besessen vom Tennis und gewillt, einen Teil seines Lebens fürs Tennis zu geben, weil er jedes Jahr besser spielt als zuvor. Erinnern Sie sich noch, wie aufregend das für Sie war und

wie Sie deswegen motiviert waren. Jetzt ist das natürlich ganz anders. Wenn Sie nicht alles andere aufgeben und Ihr Leben dem Training weihen wollen, können Sie natürlich nie mehr so gut sein, wie Sie früher waren. Das ist sicherlich auch davon abhängig, wie alt Sie sind und wie gut Sie einmal waren; aber selbst wenn Sie einhundert Prozent Ihrer Zeit fürs Tennis opferten, würden Sie wahrscheinlich nie wieder Ihre alte Spielstärke erreichen. Leidenschaft entsteht, wenn es *neue* Hindernisse zu überwinden gilt. Leidenschaft mit Mittelmäßigkeit als Ziel ist etwas völlig anderes.

Die dritte Möglichkeit sollte Ihren Ehrgeiz ansprechen. Sie sollten so tief wie möglich in sich gehen und mit etwas ganz Besonderem wieder auftauchen: mit einer Extraportion mentaler Stärke. Wenn Sie das schaffen, können Sie ohne Seelenqual weiterspielen. Zufriedenheit und neues Vergnügen werden sich einstellen, wenn Sie spielen, und der wütende Kämpfer in Ihnen, der nur einen weiteren Sieg will, wird schweigen.

Schritte zur neuen Zieldefinition

▷ *Nehmen Sie sich ein bißchen Zeit und denken Sie darüber nach, welche Bedeutung Tennis in Ihrem Leben hat. Arbeiten Sie daran, den Konflikt in neuer Perspektive sehen zu können, und suchen Sie nach einer befriedigenden Lösung. Erfolg auf dem Tennisplatz wird für Sie dann nicht mehr länger von Sieg oder Niederlage oder von der Leistung abhängen.*

▷ *Notieren Sie auf einer Liste Ihre neuen Ziele im Tennis:*
   1. *Tennisspielen, um sich zu bewegen oder fitter zu werden;*
   2. *Tennisspielen, um neue Freunde zu gewinnen und mit den alten zusammen Spaß zu haben;*
   3. *Tennisspielen, um Streß abzubauen, nicht um Streß zu erzeugen;*
   4. *Spaß haben und das Leben mit Tennis genießen.*

▷ *Denken Sie über Ihre Tennisphilosophie so: Ich brauche nicht zu gewinnen oder gut zu spielen, um mich wohl zu fühlen. Mein Selbstwertgefühl ist nicht länger ans Gewinnen geknüpft, sondern an meine Fähigkeit, mich an den neuen Zielen im Tennis zu orientieren.*

▷ *Sie sollten einsehen, daß das, was Sie jetzt von sich fordern, eine viel größere mentale Stärke von Ihnen verlangt als das, was Sie in Ihrer Tennisvergangenheit aufgeboten haben. Für den alten Kämpfer in Ihnen bedeutet mit Anmut, Freude und Würde spielen, kämpfen, sogar verlieren, den äußersten Test. Und die Belohnung ist das Wissen, daß Sie zur Elite gehören.*

Verbessern Sie Ihre Einstellung im Doppel

Ist die Einstellung der Spieler im Einzel wichtig, so ist sie im Doppel absolut lebensnotwendig. Wenn ein Mitglied einer Doppelmannschaft resigniert oder seine emotionale Kontrolle verliert, sind im allgemeinen beide betroffen. Um Ihre Möglichkeiten im Doppel in einem Wettkampf auszuschöpfen, müssen Sie lernen, die richtige Beziehung zwischen sich und Ihrem Partner herzustellen. Fragen Sie Spitzenspieler nach dem entscheidenden Faktor für ein großartiges Doppelteam, und Sie werden wahrscheinlich von allen dieselbe Antwort erhalten: die Beziehung zwischen beiden Spielern. Talent, Schnelligkeit, Aggressivität und Spielweise sind wichtig; aber wenn »die Chemie« zwischen beiden Partnern nicht stimmt, dann wird eine echte Spitzenleistung unmöglich.

Bei Doppeln wie Newcombe und Roche, Gottfried und Ramirez, King und Casals, McEnroe und Fleming, Navratilova und Shriver konnte man diese Brillanz erkennen. Sie waren so außergewöhnlich, weil eine ganz besondere Beziehung zwischen diesen Doppelpartnern existierte. Die Zuschauer spüren das auch, dieses Gefühl von Harmonie und Verständnis. Ein solches Verhältnis im Team bringt das Beste in jedem Individuum zutage und trägt die Spieler auch gegen starke Gegner zum Sieg.

Trotzdem beschäftigt sich kaum einer damit, wie und warum diese Beziehung, dieses aufeinander Einstellen im Doppel funktioniert. Die meisten halten es für eine ganz natürliche Sache. Sie spielen mit einem Partner, und wenn es klickt, fein. Wenn nicht, dann spielen sie das nächste Mal einfach mit einem anderen Partner. Aber wie ist es möglich, daß zwei Spieler die richtige Beziehung entwickeln? Können Mann und Frau, Mutter und Tochter, Bruder und Schwester irgend etwas dazutun, so daß sie größere Chancen haben, ein effektives Doppel zu werden?

Tim und Tom Gullikson stimmten 1981 dagegen, ein Doppel zu bestreiten. Beide wünschten es eigentlich, aber ... »wir argumentierten zuviel und waren gegenüber dem anderen negativ«, sagte Tom. »Ich habe im Einzel schwach gespielt und das setzte sich im Doppel fort. Es war kein gutes Gefühl. Der Teamgeist fehlte.«

Ein Jahr später wurden Tim und Tom an dritter Stelle in der Doppel-Weltrangliste geführt, und sie konnten diesen Ranglistenplatz 1984 halten. Aus dem Nichts bis zur Nummer 3 – erst nicht zusammen spielen können und dann so erfolgreich. Wie konnte das geschehen?

»Tom hat mich mehr unterstützt«, erklärte Tim. »Er hatte mehr Energie und war enthusiastischer. Ich merkte, daß er immer einhundert Prozent gab, und das ließ mich härter arbeiten. Wir hatten eine viel bessere

Die richtige Abstimmung zwischen den Partnern ist im Doppel alles. Gute Kommunikation ist dabei entscheidend. Eric Jelen und Boris Becker mit ihrem Coach Niki Pilic.

Beziehung. Wir schienen uns besser zu verstehen und uns gegenseitig mehr zu schätzen. In mancher Beziehung ist ein gutes Doppel wie eine gute Ehe. Ein Doppel basiert wirklich in vielen Bereichen auf denselben Prinzipien: gegenseitiger Respekt, Vertrauen, Verständnis, Akzeptanz.«

»Der wichtigste Faktor ist eine stabile Kommunikation«, sagte Tom. »Wenn Tim und ich gut miteinander kommunizieren, mit Begeisterung dabeibleiben und uns einander unterstützen, dann wird es schwierig, uns zu schlagen.«

Was haben also die Gulliksons getan, um die richtige Atmosphäre zwischen sich herzustellen? Zunächst haben sie sich verpflichtet, es noch einmal miteinander zu versuchen, obwohl beide mit anderen Partnern gut zurechtkamen. Des weiteren haben sie sich Zeit genommen, Doppel zu trainieren, und das hatten sie vorher nie getan. »Der Schwerpunkt unseres Trainings war immer das Einzel gewesen«, sagte Tom. »Das Doppeltraining war ein nachträglicher Einfall. Wir fanden es jetzt wichtig, zusammen zu spielen. Wir arbeiteten an allem: Volleys, Spielzüge, Stil und Taktik. Wir haben als Team besser zusammengespielt, weil wir besser vorbereitet waren.«

Sie verpflichteten sich auch, sich gegenseitig mehr zu unterstützen, wie Tom meinte. »Tim neigte dazu, alles zu analysieren, und das machte die Sache meist noch schlimmer. Ich gab ihm einfach einen kleinen Tip wie: Nimm den Ball im Aufsteigen oder: Triff ihn möglichst früh, und das half oft. Dadurch hat er nicht mehr soviel gegrübelt.«

Tom versuchte auch, Tim aufzumuntern, wenn er mit sich selbst haderte. »Es half, daß wir unsere Rollen kannten«, sagte Tim. »Ich bin einer, der auf Nummer Sicher geht, und er spielt mit Risiko. Bei denjenigen, die riskant spielen, geht's eher auf und ab. Ich nahm ihm den Druck ab, damit er nicht Angst hatte, bei entscheidenden Punkten aufs Ganze zu gehen. Wenn er einen hundertprozentigen Punkt verschlug, sagte ich beispielsweise: Ich werde für noch so eine Vorlage sorgen, und auf diese Weise ließ ich ihn wissen, daß alles o. k. war.«

Wenn jemand einen guten Doppelspieler beschreibt, dann geht er selten auf seine emotionalen und kommunikativen Fähigkeiten ein. Dabei sind sie entscheidend für ein erfolgreiches Doppelspiel. Was den emotionalen Bereich angeht, ist jemand ein guter Doppelspieler, wenn er seinem Partner hilft, seinen idealen Leistungszustand während des Spiels zu erreichen. So ein Partner hilft ihm, ruhig und zuversichtlich zu bleiben. Die Beziehung zum Partner ist verstärkend, ermutigend, freundlich und zeitweilig sogar inspirierend. Sie sollte niemals kritisch, pessimistisch oder streitsüchtig sein. Ein guter Doppelspieler kann seinen Partner förmlich »lesen« und ist in der Lage, ihm die verbale wie nonverbale Information zukommen zu lassen, die ihre gemeinsame Leistung steigert. Dazu muß jeder Doppelspieler seinen Partner gut verstehen.

Im folgenden finden Sie einige Hinweise in Sachen »Einstellung«, die positive Emotionen fördern sollen und die Beziehung zwischen Ihnen und Ihrem Partner optimal gestalten können:

- ▷ *Wenn Ihr Partner einen entscheidenden Punkt verliert, sollten Sie den Gegner für den guten Schlag loben.*
- ▷ *Zeigen Sie viel Energie, Enthusiasmus und Entschlossenheit, wenn die Lage schwierig ist, insbesondere wenn Ihr Partner Probleme hat.*
- ▷ *Achten Sie darauf, was Sie Ihrem Partner mit Ihrer Körpersprache mitteilen. Nonverbale Kommunikation ist oft stärker als verbale.*

- ▷ *Wenn Ihr Partner schlecht spielt, sollten Sie keinesfalls Ihre eigenen Anstrengungen reduzieren. Jetzt müssen Sie Begeisterung und Improvisation einbringen.*
- ▷ *Behandeln Sie Ihren Partner so, wie Sie selbst zu jeder Zeit behandelt werden möchten.*
- ▷ *Gebrauchen Sie vorrangig das Wort »wir«, und vor allem meinen Sie es auch.*
- ▷ *Lassen Sie niemals den Frust über Ihre eigene Leistung am Partner aus – niemals!*
- ▷ *Finden Sie heraus, was Ihrem Partner Spaß macht. Lächeln Sie, reißen Sie einen Witz, bleiben Sie locker!*
- ▷ *Behandeln Sie Ihren Partner mit Respekt und Würde. Die Probleme können Sie nach dem Match ansprechen.*

Was sollen Sie tun, wenn die Probleme bleiben? Wenn Sie mit diesem Partner gerne Doppel spielen wollen, es aber nie zu funktionieren scheint, dann versuchen Sie's noch einmal. Üblicherweise ist bei solchen Situationen ein Familienmitglied beteiligt – die Ehefrau oder der Ehemann, ein Elternteil, der Bruder oder die Schwester. Sie müssen wissen, daß Familienkombinationen meist die schwierigsten Doppelpaarungen sind. Wir alle neigen dazu, empfindlicher gegenüber Menschen zu sein, die uns nahestehen. Eine saloppe Bemerkung kann plötzlich sehr persönlich werden. Und flüchtige, scheinbar belanglose Gesten bedeuten plötzlich mehr und lösen negative Emotionen und Unsicherheiten aus. Wir neigen auch dazu, weniger geduldig und dafür kritischer im Umgang mit Menschen zu sein, die uns nahestehen.
All das zusammen ergibt eine schwierige Situation für Familiendoppel, wenn Sie sich nicht bewußt bemühen, gut zusammenzuarbeiten. Folgen Sie deshalb diesen drei Schritten:

- ▷ *Nehmen Sie sich vor, es noch einmal zu versuchen. Verpflichten Sie sich, alles Notwendige zu tun, damit es klappt.*
- ▷ *Reservieren Sie sich Trainingszeiten, in denen Sie miteinander Ihr Doppel üben können. Proben Sie Spieltaktik und Strategien, Verantwortlichkeit, Wahl der Schläge und Timing. Je mehr Sie üben, desto größer sind die Chancen, gut zu spielen, sowohl im physischen als auch im psychischen Bereich.*
- ▷ *Nehmen Sie sich vor, alles zu tun, damit Ihr Partner seine optimale Spielstärke erreicht. Besprechen Sie Ihre positiven und negativen Ansichten im Hinblick auf sein Spiel offen mit ihm, vor oder nach dem Spiel, und setzen Sie sich klare Ziele, um etwaige Schwierigkeiten überwinden zu können.*

Tennis-Urlaub im Camp

In Amerika sind *Camp* und *Spaß* Synonyme. Im Sommer ins Camp zu gehen ist dort für Kinder der Höhepunkt des Jahres. Auf das Camp-Erlebnis freut man sich das ganze Jahr. Wenn Sie als Tennisspieler entsprechenden Enthusiasmus und Freude in Ihre Tenniscamp-Unternehmung einbringen, werden Sie es nicht nur mehr genießen, sondern Sie werden auch viel schneller Lernfortschritte erzielen. Die folgenden Vorschläge sollen Ihnen helfen, möglichst viel von Ihrem Tennis-Camp zu haben:

Setzen Sie das Ganze in einen »Spiel«-Rahmen. Seien Sie entschlossen, die Zeit im Camp zu genießen, unabhängig davon, was geschieht. Das sollte Ihr oberstes Ziel sein.

Kommen Sie zum Camp mit einer offenen, flexiblen Einstellung. Wahrscheinlich werden Sie dort neue oder andere Ansichten zu hören bekommen, als Sie es gewohnt sind. Dort ist nicht die richtige Zeit für superkritisches Denken. Steigen Sie in den Lauf der Dinge ein und versuchen Sie's einfach. Wenn es Ihnen gelingt, sich im Camp selbst unter Kontrolle und Ihren emotionalen Computer frei zu haben, dann werden Sie sicherlich mehr und schneller lernen und erheblich mehr Spaß haben.

Seien Sie mit sich und anderen geduldig. Ihr Spielniveau wird zu Anfang wegen der neuen Umgebung wahrscheinlich niedriger sein. Neue Umgebung, neue Leute, u. U. andere Höhenlage, Luftfeuchtigkeit und Bodenbelag führen meist zu einem niedrigeren Spielniveau.

Zügeln Sie sich emotional und auch physisch. Jetzt spielen Sie wahrscheinlich mehr Tennis, als Sie im ganzen letzten Jahr gespielt haben. Blasen, wunde Füße, Sonnenbrand und Verletzungen können den Camp-Aufenthalt ruinieren. Wenn es irgend möglich ist, sollten Sie vor Beginn des Camps mehr Tennis spielen und sich konditionell in Form bringen. Ist das nicht möglich, sollten Sie langsam und vernünftig beginnen. Dann sind Sie in der Wochenmitte noch dabei und müssen nicht von der Seitenlinie aus frustriert zuschauen.

Nehmen Sie nicht an einem Tennis-Camp teil, um irgend etwas zu beweisen. Mit der Einstellung »Ich werde diesen Leuten ein für allemal beweisen, daß ich ein richtiger Tennisspieler bin« werden Sie nur frustriert und enttäuscht sein. Im Tennis-Camp erwartet niemand, daß Sie großartig spielen, sobald Sie einlaufen. Sie sind zum Lernen da und um Ihre Kondition zu verbessern. Wenn Sie sich beweisen wollen, sollten Sie an einem Turnier teilnehmen.

Machen Sie die anderen Teilnehmer in Ihrer Gruppe zu Freunden, nicht zu Feinden. Wenn Sie zu ehrgeizig sind, sollten Sie sich nicht wundern, wenn Sie alleine zu Abend essen. Denken Sie daran, daß Sie nicht an einem Tennisturnier teilnehmen und daß die anderen Spieler nicht Ihre Gegner sind. Versuchen Sie, Ihren Ehrgeiz ein wenig zu unterdrücken, dann werden Sie mehr Freunde finden, weniger abweisend sein, offener für neue Ideen werden und schneller lernen.

Nach dem Tennis-Camp

Viele Tennisspieler fragen sich, wie gut sie werden könnten, wenn sie den Lernzuwachs, den sie am Ende einer Woche oder zwei registrieren, beibehalten würden.
Kommentare wie: »Am Ende des Camps habe ich wirklich großartig gespielt, aber als ich zu Hause war, war alles, was ich gelernt hatte, wieder weg« sind ziemlich häufig. Es muß nicht sein, daß der positive Effekt verfliegt, sobald man das Camp beendet hat. Wenn Sie die Gründe kennen, dann können Sie das ganze Jahr hindurch von diesem Lerneffekt profitieren. Überlegen Sie sich die Gründe für Ihre Fortschritte während des Tennis-Urlaubs:

- Sie schlagen mehr Bälle als gewöhnlich während des ganzen Jahres. Wenn Sie mehr spielen, verbessern Sie sich auch schneller. Nehmen Sie sich vor, sich mehr Zeit fürs Tennis zu reservieren und mehr Bälle zu schlagen, wenn Sie wieder zu Hause sind.
- Im Tennis-Camp werden Sie gezwungen, an Ihren Schwächen zu arbeiten. Die meisten Leute spielen lieber, als daß sie Drills machen – bis sie im Camp Drills machen müssen. Widmen Sie in jeder Woche einen Teil Ihrer Zeit der Verbesserung Ihrer Schwächen, entweder mit einer Ballmaschine oder mit einem Freund.
- Im Camp werden Sie gezwungen, härter als normal zu trainieren. In den meisten Camps läßt man es nicht zu, daß Sie auf dem Platz faul sind und eher das gesellige Leben pflegen. Dieselbe Einstellung sollten Sie nach Hause mitnehmen. Üben und spielen Sie mit der gleichen Intensität wie im Camp; dann werden Sie schneller lernen.
- Im Camp werden Sie die ganze Woche in ein festes organisatorisches Schema gezwungen. Die Aufstellung des Trainingsplans ist im voraus geplant worden. Organisieren Sie zu Hause Ihre Übungszeit im Tennis mit der gleichen Sorgfalt.
- Die Atmosphäre im Camp gibt Ihnen ein besonderes Gefühl; Sie sind hochmotiviert und eifrig dabei. Wahrscheinlich hängt Ihr größerer Lernzuwachs vor allem mit diesem emotionalen Klima zusammen. Arbeiten Sie an Ihrer Einstellung. Setzen Sie sich neue und spannende Ziele, und nehmen Sie sich vor, mehr Enthusiasmus und Spaß auch in

Ihr Spiel zu Hause hineinzutragen. Darüber haben Sie wirklich mehr Kontrolle, als Sie denken. Sie müssen nicht auf das Tennis-Camp im nächsten Jahr warten.

Wenn Sie das ganze Jahr über genauso schnell weiterlernen wollen, ist das zu Hause auch möglich. Sollten Sie in diesem Jahr aus irgendeinem Grund nicht an Ihrem Tennis-Camp teilnehmen können, macht das nichts. Sie können sich die meisten Bedingungen, die im Camp so tolle Erfolge brachten, auch zu Hause schaffen.

8

Fragen und Antworten

Sollten die Briefe, die ich erhalte, symptomatisch sein, dann bereiten im mentalen Bereich Nervosität und Streßkontrolle die größten Probleme. Im folgenden finden Sie einige Fragen zum Thema Jugendtennis und Überforderung und meine Antworten dazu.

Frage Meine Tochter ist eine der besten Vierzehnjährigen in unserem Bezirk, aber sie neigt dazu, sich ständig Sorgen zu machen. Sie hat seit ihrem zehnten Lebensjahr Turniertennis gespielt. Ich möchte fragen, auf welche Weise Turniertennis ihre Gesundheit beeinflussen könnte. Ist es normal, daß Jugendliche Erkältungen und Grippe bei Turnieren haben? Meine Tochter wird ständig krank, wenn sie Turniere spielt. Lange Zeit habe ich geglaubt, sie würde krank, damit sie eine Entschuldigung hat, wenn sie nicht gut spielte. Jetzt glaube ich nicht mehr, daß das der Grund ist. Was kann ich tun, um ihr zu helfen?

Antwort *Es geht bei Ihrer Tochter um die Wirkung der Streßhormone auf ihr Immunsystem. Die Höhe des Spiegels von bestimmten Hormonen wie Kortisol und Adrenalin kann die Wirksamkeit der körperlichen Verteidigungsmechanismen herabsetzen, indem sich die Tätigkeit der Antikörper und die natürlichen Zellaktivitäten verändern.*

Heute gibt es Beweise dafür, daß Lebensstreß und Schwäche des Immunsystems und damit die Widerstandsfähigkeit gegenüber Krankheiten zusammenhängen. Der mentale Druck, den Ihre Tochter im Umfeld von Turnieren erfährt, steht mit dem Hypothalamus in Zusammenhang. Die Mediziner haben ein richtiges Netz von Blutgefäßen entdeckt, das den Hypothalamus mit der Hypophyse verbindet, und diese stimuliert die Adrenalinausschüttung – die Streßhormone.

Jahrelang haben Immunologen geglaubt, daß Streßhormone die Wirksamkeit des Immunsystems negativ beeinflussen. Aber erst als die Technik des Radioimmuntests (Methode zur Bestimmung von Hormonen) weit genug entwickelt war, konnte der Einfluß direkt gemessen werden.
Wenn Ihre Tochter dazu neigt, sich leicht aufzuregen, dann sind Turniere für sie wahrscheinlich sehr stressig. Aber Streßbewältigungstechniken können ihr helfen, wiederholt auftretende Erkältungen und grippale Infekte zu kontrollieren. Ich würde folgendes empfehlen:

- ▷ *Planen Sie sorgfältig. Lassen Sie Ihre Tochter nicht zu viele Turniere hintereinander spielen und vermeiden Sie Turniere während Zeiten, die ohnehin streßbelastet sind.*
- ▷ *Achten Sie darauf, daß Ihre Tochter genug Schlaf hat und gut vor, während und nach Turnieren ißt.*
- ▷ *Reduzieren Sie den elterlichen Druck des Gewinnenmüssens und geben Sie ihr starke positive Unterstützung während eines Turniers.*
- ▷ *Ihre Tochter sollte verschiedene Entspannungstechniken üben, wie z. B. tiefe Atmung, progressive Entspannung und Meditation, mit deren Hilfe sie den Streß reduzieren kann.*
- ▷ *Ihre Tochter sollte bei Turnieren schriftlich ihren jeweiligen Streßzustand festhalten. Setzen Sie bestimmte Ziele zur besseren Streßkontrolle und seien Sie positiver. Schreiben Sie auf, wann und wie oft sie krank ist. Denken Sie auch daran, daß der Streß für Ihre Tochter um so geringer ist, je mehr Spaß sie bei Turnieren hat.*
- ▷ *Es wäre sicher auch gut, wenn Ihre Tochter gründlich von einem Arzt untersucht würde, um andere gesundheitliche Probleme auszuschließen.*

Frage Meine Tochter Cindy ist 16 Jahre alt. Im Alltagsleben wie auf dem Tennisplatz interpretiert sie den geringsten Rückschlag als größere Katastrophe. Wenn es im normalen Leben mal nicht läuft, kann sie tagelang deprimiert, dann aber plötzlich ganz munter sein. Wenn es auf dem Tennisplatz nicht läuft, verhält sie sich negativ und strengt sich überhaupt nicht mehr an. Die lächerlichste Kleinigkeit kann sie aus dem Gleichgewicht werfen.
Mein Mann und ich haben schon oft mit Cindy darüber gesprochen, und einmal haben wir sie auch schon zum Schulberater geschickt, aber nichts hat geholfen. Ihre

negative Einstellung, die wir erstmals vor zwei Jahren bemerkten, nimmt ihr die Möglichkeit, erfolgreich zu sein, und macht sie sehr unglücklich. Ist das nur eine Durchgangsphase?

Antwort *Cindys Neigung, Versagen zu vergrößern und in kleinen Rückschlägen das Schlimmste zu sehen, ob das nun im Alltagsleben oder auf dem Tennisplatz ist, verdient Ihre sofortige Aufmerksamkeit. Wenn ein Spieler die Bedeutung von Versagen auf dem Tennisplatz so übertreibt, spiegelt das ganz typische Probleme im Zusammenhang mit seinem Selbstvertrauen, Selbstwertgefühl und seiner emotionalen Kontrolle wider. Was mich beunruhigt, ist die Neigung Ihrer Tochter, auch Versagen im Alltagsleben tragisch zu nehmen. Ihr Unglück und ihre depressiven Phasen sind Symptome, die therapeutischer Hilfe bedürfen. Cindys Problem kann vielleicht nur mit äußerer Hilfe gelöst werden. Obwohl Cindy nicht merkt, daß sie ein Problem hat, sollten Sie sie dazu bringen, daß sie sich für Hilfe seitens eines Psychologen öffnet. Das wird ihr helfen, ihre Persönlichkeit zu entwickeln, und sie zu größerem persönlichen Glück führen.*

Frage Wenn Sie die meisten jugendlichen Spitzenspieler, ja sogar die Profis betrachten, dann finden Sie in der Regel mindestens einen übermäßig engagierten, besessenen und drängenden Elternteil hinter den Kulissen. Das scheint insbesondere auf amerikanische Jugendliche zuzutreffen. Normale, liebevolle Eltern zu haben, die sich nicht übermäßig engagieren, scheint sich eher negativ auszuwirken. Müssen Jugendliche Eltern haben, die Druck machen, um ihr volles Potential entwickeln zu können?

Antwort *Zwischen Eltern, die ihr Kind antreiben, und solchen, die es hilfreich unterstützen, liegt oft nur ein schmaler Grat. Die Tenniswelt ist im Spitzenbereich – auch schon bei Jugendlichen – so komplex, daß Jugendliche ohne hochgradig engagierte Eltern nur eine geringe Erfolgschance haben. Nur selten merken Eltern, daß sie fünf oder sechs Jahre lang einen erheblichen Teil ihrer Zeit damit verbracht haben, ihren Kindern zu helfen, im Wettkampf erfolgreich zu sein.*

Hinzu kommt das Motivationsproblem. Kinder aus ärmeren, weniger wohlhabenden Ländern sind oft ehrgeiziger als Kinder in den Vereinigten Staaten. Unsere Jugend-

spieler mit nationalem Ranglistenplatz kommen aus reichen Elternhäusern, der Preis für Erfolg im Jugendtennis ist extrem hoch (10 000 bis 25 000 Dollar im Jahr). Reichtum scheint die Motivation zu unterminieren. So versuchen die Eltern, die dominierende motivierende Kraft zu werden. Sie üben um der Leistung willen Druck aus und erfinden alle nur denkbaren Strategien, um ihre Kinder beim Training zu halten. Wenn Eltern lediglich ein normales Interesse zeigen, wird der Sprößling nicht hart genug trainieren, um selbst auf der nationalen Ebene erfolgreich zu sein.

Was wir demnach oft an der Spitze finden, sind Jugendliche, deren Eltern sie antreiben, damit sie konzentriert und diszipliniert bleiben. Derartige Eltern tun alles, was sie können, um zu verhindern, daß ihre Kinder vom Tennis weggelockt und von Freunden zu normalen Freizeitbeschäftigungen verführt werden. Wie viele Kinder aus reichen Elternhäusern würden freiwillig Sprintübungen machen, am Schwimm- oder Ausdauertraining teilnehmen und täglich zwei bis drei Stunden nach der Schule trainieren, anstatt mit ihren Freunden zu spielen?

Erstaunlich viele dieser Kinder überstehen die Maßnahmen der Eltern und werden herausragende Spieler; aber eine viel größere Zahl lernt die ganze Tennisszene zu hassen. Es gibt immer wieder unvernünftige, ja dumme Eltern, die ihre Kinder zum Erfolg zwingen. Die Frage ist, um welchen Preis. Es ist immer ein Preis zu bezahlen, und oft läßt selbst der Erfolg den jungen Spieler verloren und verwirrt zurück. Gehen diese Eltern zu weit? Fragen Sie die Kinder.

Frage Ich bin ein Tennislehrer, der sein eigenes Kind unterrichtet. Ich würde gerne wissen, wie Sie darüber denken. Ich mache mir Sorgen, daß ich auf meine Tochter zuviel Druck ausübe, da ich dazu neige, mit ihr härter als mit meinen anderen Schülern umzugehen. Wir streiten uns gelegentlich über ihr Tennis, aber sie sagt, sie möchte mich trotzdem als ihren Trainer. Ich mache mir Sorgen, daß ich ihre Liebe zum Tennis untergraben könnte. Sie ist dreizehn, und sie ist die dritte in der Landesrangliste. Die Kosten für einen anderen Trainer wären zu hoch für uns. Was können Sie vorschlagen, um in Zukunft Probleme zu vermeiden?

Antwort *Es gibt viele Tennislehrer und Trainer, die mit ihren eigenen Kindern arbeiten müssen und wollen. Das birgt Risiken, insbesondere wenn die Kinder sich verbessern. Am Anfang ist die Beziehung fast immer vorteilhaft. Die meisten Trainer sind ihren eigenen Kindern gegenüber kritischer und härter als gegenüber fremden. Kinder von Trainern spüren im allgemeinen mehr Druck und werden wahrscheinlich sensibler für diesen Streßfaktor sein. Wenn es dazu kommt, dann verringern sich die Chancen des Kindes auf den Erfolg. Damit diese Beziehung funktioniert, muß es schon ein ganz besonderes Kind sein und ein ganz besonderer Trainer-Vater.*
Ihre Antworten auf die folgenden Fragen sind entscheidend:

- ▷ *Haben Sie eine starke positive Beziehung zu Ihrem Kind?*
- ▷ *Möchte Ihre Tochter, daß Sie sie trainieren und betreuen?*
- ▷ *Zeigen Sie große Geduld mit Ihrer Tochter?*
- ▷ *Unterstützen Sie, loben Sie und hören Sie Ihrer Tochter genauso oft zu wie anderen Kindern, die Sie unterrichten?*

Wenn Sie mit Ja antworten können, ist das Risiko kleiner. Diskutieren Sie Ihre Ängste, Bedenken und Sorgen offen mit Ihrer Tochter. Sensibilität, Geduld und Unterstützung sind die Grundpfeiler einer erfolgreichen Trainer-Eltern-Rolle.

Lieber Dr. Loehr,
Wir kennen uns nicht, aber ich hoffe, Sie können mir trotzdem helfen. Augenblicklich bin ich so frustriert und verwirrt, daß ich am liebsten sterben würde. Ich bin 19 Jahre alt und im zweiten Jahr an einem der zwanzig besten Colleges. Ich träume davon, eines Tages professionell Tennis zu spielen. Ich habe diesen Traum seit meinem neunten Lebensjahr, aber wenn die Dinge sich nicht bald ändern, sehe ich keine Chance mehr.
Mein Tennis ist derzeit grauenhaft, und das geht schon seit sechs Monaten. Das Problem ist sehr kompliziert und hängt mit meinen Eltern zusammen. Sie lieben mich, sie unterstützen mich und sorgen sich um mich. Sie glauben fest daran, daß ich eine erfolgreiche Profispielerin werde, und haben praktisch ihr ganzes Leben der Verwirklichung

meines Traumes geweiht. Mein Traum ist auch zu ihrem Traum geworden.
Für sie war kein Opfer zu groß, um mir zum Erfolg zu verhelfen. Während meiner letzten zwei Schuljahre haben mich meine Eltern zu jedem Spiel des Schulteams und zu allen Turnieren in den Vereinigten Staaten begleitet. Sie haben sogar darauf bestanden, bei mir zu sein, wenn ich wegen zusätzlichen Trainings an die verschiedensten Orte fuhr. Ich durfte niemals allein reisen. Als ich aufs College kam, sind sie in dieselbe Stadt gezogen, um sicherzugehen, daß ich bei der Stange bleibe.
Meine Eltern sind sehr konservativ und sehr religiös. Sie sind überzeugt, daß ich nicht stark genug bin, den vielen Versuchungen des Lebens zu widerstehen, und sie bestehen darauf, dabei zu sein, damit ich mich aufs Tennis konzentrieren kann. Sie sind dagegen, daß ich eine Verabredung habe oder mal spät mit Freunden ausgehe, und beobachten jeden meiner Schritte. Sie wollen, daß ich Spaß habe und tue, was Spaß macht, aber immer mit der Familie und so, wie sie es wollen. Ich kann es einfach nicht mehr aushalten. Ich möchte selbständig sein, allein Tennis spielen und allein zum College gehen. Ich möchte mir meine Freunde selbst aussuchen und einfach ich selbst sein. Ich fühle mich völlig gefangen. Es ist außerdem peinlich, wenn einem die Eltern auf Schritt und Tritt folgen.
Ich habe schon mehrmals versucht, mit ihnen darüber zu sprechen, aber sie finden immer eine Ausrede. Wenn sie nicht so nette, liebevolle Eltern wären, wäre es für mich leichter, ihnen zu sagen, daß sie aus meinem Leben verschwinden sollen. Aber jedesmal, wenn ich versuche, ihnen zu sagen, wie mir wirklich zumute ist, fühle ich mich schuldig. Sie tun alles für mich und wollen nur das Beste für mich, und meine Reaktion ist, daß ich sie dafür hasse. Das scheint falsch, aber ich möchte einfach, daß sie weggehen. Ich bin unglücklich im College, unglücklich mit meinem Tennis – ich spiele ziemlich schlecht – und fühle mich furchtbar. Manchmal denke ich, ich lasse mich freiwillig im College durchfallen, und spiele absichtlich schlecht, damit sie endlich zuhören. Was mich umbringt, ist, daß sie das mit meiner älteren Schwester nie gemacht haben. Sie hat sich großartig entwickelt. Warum machen sie's also mit mir?

Ich bin wahrscheinlich ziemlich unreif, aber ich muß irgendwann erwachsen werden. Es macht mich verrückt, daß meine Eltern mir ständig über die Schulter schauen. Sie haben mich gut erzogen, und ich habe starke Moralbegriffe. Ich glaube wirklich, daß ich es alleine schaffe. Ich ersticke und finde keine Antwort. Bitte geben Sie mir so schnell wie möglich Ihren Rat.
Beste Grüße Lisa

Zwei Tage, nachdem Lisa diesen Brief geschrieben hatte, hatte sie ein langes Gespräch mit ihren Eltern, in dem sie ihnen mitteilte, daß sie an mich einen Brief mit der Bitte um Hilfe geschickt hätte. Den folgenden Brief erhielt ich von Lisas Vater vier Tage nach Lisas Brief.

Lieber Herr Dr. Loehr,
Sie haben wahrscheinlich einen Brief von unserer Tochter Lisa erhalten. Wir hatten gerade ein langes Gespräch, und sie hat uns über ihren Brief an Sie informiert. Ich bin sicher, daß Lisa ein ziemlich düsteres Bild von uns gemalt hat. Ehe Sie auf ihren Appell um Hilfe reagieren, möchten wir Sie unseren Standpunkt – den der Eltern – hören lassen.
Lisas Tennis ist uns offensichtlich wichtig, aber unsere größte Sorge gilt Lisas persönlicher und moralischer Entwicklung. Der Weg, den Lisa sich fürs Leben ausgesucht hat, ist sehr tückisch. Sie ist 19, aber sehr unerfahren und unreif. Sie hat ungewöhnlich viel Talent, und wir haben das erkannt, als sie noch sehr jung war. Lisa träumt seit vielen Jahren davon, Tennisprofi zu werden, und meine Frau und ich haben seit einigen Jahren unser Leben dem Ziel gewidmet, daß Lisas Traum Wirklichkeit werden kann. Gott hat uns finanziell so gut ausgestattet, daß ich früh in den Ruhestand gehen konnte und deswegen ständig mit Lisa reisen kann, um sie zu unterstützen, sie zu führen und um ihrem Leben die nötige Balance zu geben, wenn sie ihre Ziele im Tennis verfolgt. Wir haben den Eindruck, daß die Belastung im Wettkampftennis in Kombination mit den Herausforderungen des Erwachsenwerdens für viele Jungen und Mädchen heutzutage zu groß ist. Ich bin überzeugt, Sie sehen das genauso klar wie wir. Ohne eine starke familiäre und religiöse Bindung wäre Lisas Zukunft in ernsthafter Gefahr. Es wäre uns lieber, daß Lisa ganz

aufhört, als daß sie die Fehler begeht, die viele Jugendliche heute machen.
Wir sind fest davon überzeugt, das Richtige zu tun, und hoffen, daß Sie unsere Position verstehen und unterstützen.
Lisa ist frustriert, weil sie nicht die Freiheiten hat, die die meisten ihrer Freunde haben. Aber ich bin sicher, daß sie tief in ihrem Innern weiß, daß das, was wir tun, das Beste für sie ist. Sie weiß mit Sicherheit, daß wir das Opfer nur bringen, weil wir sie lieben. Wir beten, daß Sie uns verstehen und unserer Tochter fundierte Ratschläge erteilen.
Freundliche Grüße Lisas Vater

Nachdem ich diesen Brief von Lisas Vater erhalten hatte, habe ich mich entschlossen, telefonisch mit Lisa (der Name wurde geändert) und ihren Eltern zu sprechen. Obwohl ich mit allen dreien gesprochen habe, wurden die einzelnen Gespräche getrennt geführt. Die beiden Briefe zeigen deutlich, wie tief der Konflikt zwischen Lisa und ihren Eltern ist, und wie logisch und vernünftig die jeweilige Position aus der jeweilig wahrgenommenen Perspektive ist. In der Tat spiegelt der Konflikt, wie er sich in den zwei Briefen darstellt, ein Thema wider, das in verschiedenen Formen im Jugendtennis auftritt. Im folgenden fasse ich meine telefonische Mitteilung an Lisas Eltern zusammen:

Als Lisas Eltern geben Sie zu, daß Lisa unreif und zu abhängig ist. Solange Sie Lisa wie ein abhängiges und unreifes Kind behandeln, wird sie sich wie ein Kind benehmen. Mit 19 ist Lisa eine junge Frau, und die Grundlagen für ihre moralische und charakterliche Entwicklung stammen aus viel früherer Zeit. Es ist ungeheuer wichtig, daß Sie Ihrer Tochter größere persönliche Freiheiten, mehr Verantwortung und Unabhängigkeit zugestehen. Das gilt sowohl für ihr Tennis als auch für ihr Privatleben. Das, was Lisa erbittet, ist normal und notwendig, damit sie sich zu einer wirklich vollwertigen, selbständigen Person entwickeln kann. Obwohl Sie darauf bestehen, daß Sie Lisa nur beschützen wollen, hängt ihr Verhalten höchstwahrscheinlich mit starken Abhängigkeitsbedürfnissen ihrerseits zusammen. Dieses Szenarium tritt besonders häufig beim jüngsten Kind einer Familie auf, da die Eltern versuchen, es so lange wie möglich festzuhalten.

Wie so oft sind Lisas Bestrebungen nach Unabhängigkeit und Autonomie wesentlich von Schuldgefühlen bestimmt, die damit zusammenhängen, daß Sie gewillt sind, Ihr Leben und Glück für Lisa zu opfern. Wenn Sie die Dinge nicht ändern, wird Lisas Schuldgefühl durch starke Gemütsäußerungen wie Ärger, Ressentiment, ja sogar Haß Ihnen gegenüber ersetzt werden. Was noch tragischer wäre, das ist, daß Lisas Entwicklung zu einer reifen Persönlichkeit für immer blockiert werden könnte.

Im Telefongespräch mit Lisa habe ich etwa folgendes gesagt:

Ihr Frust und Ihr Ärger sind völlig verständlich, aber Sie müssen sehr hart daran arbeiten, daß diese Gefühle nicht Ihre Leistungen am College und beim Tennis negativ beeinflussen.
Es war sehr wichtig, daß Sie Ihre Gefühle Ihren Eltern gegenüber ausgedrückt haben. Es ist entscheidend, daß Ihre Eltern weiterhin verstehen, was Sie fühlen. Ihre Unabhängigkeit und Ihre persönliche Freiheit müssen über positive, starke Kommunikation erreicht werden. Bitten Sie Ihre Eltern, Ihnen zu erlauben, gelegentlich alleine oder mit Freunden, die Sie mögen, zu Turnieren zu reisen. Wenn diese neue Freiheit gewährt wird, tun Sie alles, um das in Sie gesetzte Vertrauen zu erfüllen.
Ein anderes Beispiel wäre, Ihre Eltern zu überzeugen, daß sie Ihnen erlauben, während Ihres dritten und vierten Collegejahres selbständig zu leben. Ein weiteres könnte sein, daß Ihre Eltern – außer in besonderen Fällen – nicht bei Ihren Matches zuschauen.
Denken Sie auch daran: Wenn Sie es sich gestatten, in Gesprächen mit Ihren Eltern bitter, gefühlskalt, negativ oder unsensibel zu werden, schränken Sie sich in Ihrer Fähigkeit zu verhandeln ernstlich ein.
Ihnen steht eine Zeit mit vielen Herausforderungen bevor, aber aufgrund Ihres Briefes und Ihrer Einstellung bin ich sehr optimistisch. Ich glaube, die grundsätzliche Richtung Ihres Konflikts und Ihres Kampfes ist konstruktiv und möglicherweise sehr positiv. Seien Sie beharrlich und doch geduldig. Ihr Tennisspiel wird sich in dem Maße verbessern, in dem sich Ihre Gefühle und Ihre Situation verbessern.

Oft stellen mir Tennisspieler, ganz gleich welchen Alters, die unterschiedlichsten Fragen bezüglich ihrer Hoffnungen und einer möglichen Tenniskarriere. In vielen Fällen lassen sich deren langfristige Erfolge und Probleme auf eine positive oder negative Einstellung zurückführen oder aber auf produktive oder unproduktive Zielsetzungen.
Im folgenden stelle ich Ihnen einige dieser Briefe und meine Antworten dazu vor.

Frage Ich coache seit 15 Jahren Basketball, Football und Tennis. Woher kommt es, daß die talentiertesten Spieler mental ohne Ausnahme die schwächsten sind? Wo liegt der Grund dafür, daß sie im emotionalen Bereich hinter den anderen herhinken? Sie sind oft die schwierigsten Fälle. Sind Sie der gleichen Ansicht?

Antwort *Ja, meine Erfahrung mit hochtalentierten Sportlern ist sehr ähnlich. Talentierte Sportler lernen die motorischen Fertigkeiten einer Sportart viel leichter als ihre weniger talentierten Altersgenossen. Sie müssen sich nicht so anstrengen, nicht so viel trainieren und sich nicht so stark einsetzen, um die gleichen Resultate zu bringen. Folglich entwickeln sie eine schlechte Arbeitsmoral.*

Wenn sie sehr jung sind, haben talentierte Sportler oft Erfolg, auch wenn sie eine schlechte Konzentrationsfähigkeit, wenig Intensität und eine schlechte Einstellung haben. Ihre überdurchschnittlichen, natürlichen Fähigkeiten machen das möglich. Und da sie bessere Leistungen bringen als ihre Kameraden, verstärkt sich die unerwünschte Verhaltensweise noch.

Sportler, die weniger Talent haben, müssen härter arbeiten, sich viel mehr einsetzen und eine herausragende emotionale Kontrolle zeigen, oder sie können nicht mithalten. Weniger Talentierte sind deswegen niemals »problematische Fälle«, weil sie es sich gar nicht leisten können.

Im Vergleich dazu sind die Verhaltensmuster talentierter Athleten anders, weil der Ablauf von Erfolg und Erfolgserlebnis anders ist.

Risiko ist ein weiterer Faktor. Talentierte Sportler werden von Trainern und Eltern ständig an ihr Talent erinnert. Dieses Etikett kann wirklich zu einer Belastung für den Spieler werden. Er oder sie hat Angst, sich hundertprozentig einzusetzen und sich völlig zu verausgaben, weil im Falle des Versagens die Erwartungen nicht erfüllt werden.

»Vielleicht bin ich gar nicht so gut, wie alle glauben«, denkt der talentierte Sportler. Wenn er zum Problemfall wird, wird keiner wissen, ob er nun wirklich Talent hat. Er geht auf Sicherheit und schützt sich selbst.
Wer mit talentierten Sportlern arbeitet, sollte ihnen helfen, diese Fallen zu verstehen. Talent ist sowohl ein Geschenk als auch eine Belastung. Es erfordert ein ganz besonderes Verständnis, mit diesen Kindern als Trainer zu arbeiten oder sie als Eltern zu betreuen.

Frage Meine Tochter ist zehn Jahre alt. Sie möchte immerzu Tennis spielen. Wenn ich es ihr erlauben würde, würde sie täglich zehn Stunden spielen. Wir wohnen dicht bei unserem Tennisclub. Am liebsten wäre sie dauernd dort. Ist es schlecht, sie soviel sie mag spielen zu lassen?

Antwort *Ja. Kinder sollten noch Lust haben, weiterzuspielen, wenn sie aufhören müssen. Zu Anfang kann ein Kind so vom Tennis fasziniert sein, daß es immer mehr spielen möchte. Wenn die Zeit auf dem Tennisplatz begrenzt ist, verstärkt das die Vorfreude auf die nächste Gelegenheit zu spielen. Dadurch bleibt das Kind lerneifrig.*
Wenn Sie einem Kind erlauben, soviel wie es möchte zu spielen, wird sein Interesse bald nachlassen, und es wird nachlässig spielen. Es wird die Schlagtechnik nicht so schnell erlernen, und es wird sich manches Schlechte angewöhnen, weil es müde ist.
Es macht nichts, wenn Ihre Tochter einmal in der Woche einen ganzen Tag lang auf dem Tennisplatz verbringt – aber die ganze Woche im Club »herumhängen« ist nicht gut. Die Motivation für den Tennissport leidet darunter. Tennisspielen sollte immer etwas Besonderes bleiben.

Frage Können Sie mir helfen, einen dauernden Streit zwischen mir und meinem Mixed-Partner zu schlichten?
Mein Partner sagt ständig »schön« zu seinen Gegnern, wenn sie punkten, und mich macht das verrückt. Er weiß, daß es mich stört, aber anscheinend kann er es nicht lassen. Ich meine, er sollte nicht das Selbstvertrauen unserer Gegner aufbauen, indem er sie ständig lobt. Er behauptet, das sei nur fair und außerdem eine alte Angewohnheit, die keinem schade.
Sollte ein Spieler – aus psychologischer Sicht betrachtet – den Gegner loben, wann immer er einen guten Ball spielt?

Antwort *Natürlich sollte man den Gegner nicht loben, um dessen Selbstvertrauen aufzubauen. Trotzdem gibt es gute Gründe, daß man es gelegentlich tut. Der erste heißt: Fairneß. Jeder profitiert, wenn Fairneß für alle Spieler Priorität hat. Tennis kann auf diese Art und Weise jungen Spielern wichtige Fähigkeiten für ihr ganzes Leben beibringen. Emotionale Kontrolle, Integrität und Reife sind gewissermaßen Abfallprodukte. Wenn Fairneß bei Erwachsenen praktiziert wird, resultiert das im allgemeinen in größerem Spaß, besserem Spiel und weniger Streß.*

Spieler, die launisch sind und oft mit sich selbst hadern, merken, daß sie weniger Druck spüren, wenn sie einen guten Schlag des Gegners anerkennen. Sie denken dann: »Das war nicht meine Schuld, die haben einen großartigen Ball gespielt.« Wenn sie glauben, daß das laute Aussprechen hilft, positiv zu bleiben, dann sollten sie es auch tun. Aber ein Spieler, der ständig aus Unsicherheit oder Geselligkeitsbedürfnis »sehr schön« sagt, sollte diese Angewohnheit zumindest überdenken.

In Ihrem Fall ist allerdings die Wirkung auf Sie das Hauptproblem. Diese Wirkung scheint sehr negativ zu sein. Sie sollten mit Ihrem Partner die ganze Angelegenheit noch einmal besprechen und sich für die Zukunft einigen. Wenn Ihr Partner nicht mit seinen Kommentaren aufhören möchte, dann sollten Sie Ihre emotionale Reaktion ändern, andernfalls leidet Ihr Mixed darunter. Nur eine gute Kommunikation zwischen Ihnen beiden kann Ihr Problem lösen.

Frage Ich spiele seit sechs Jahren Tennis und habe auch einige Unterrichtsstunden genommen. Ich spiele vier bis acht Stunden täglich, sechsmal pro Woche. Und im Augenblick scheint es, als ob ich stagniere, ich verbessere mich überhaupt nicht mehr. Ich bin 18, und meine Freunde meinen, ich sollte den Wunsch, Profi zu werden, aufgeben und nur noch aus Spaß Tennis spielen. Aber ich habe mich zu sehr ins Tennis hineingehängt, als daß ich den Gedanken, Profi zu werden, so einfach aufgeben könnte. Was soll ich tun, um weitere Fortschritte zu machen? Habe ich eine Chance als Profi?

Antwort *Der Tennisboom in der ganzen Welt hat die Aussicht, unter die ersten zehn der Weltrangliste zu kommen, für junge Spieler stark verringert. Eigentlich sind die Chancen*

für jeden Spieler klein, auf der obersten Ebene Erfolg zu haben. Selbst wenn alles stimmt – der Spieler hat früh angefangen, einen großartigen Trainer, eine aggressive Spielweise und die richtigen körperlichen Voraussetzungen –, liegt alles im Ungewissen.
Nach Ihrem Brief zu urteilen, sind Sie nicht in der nationalen Rangliste und nehmen nicht an den großen Turnieren teil. Träume sind sehr wichtig, aber ich würde Ihnen empfehlen, Ihren Erfolg im Leben nicht ausschließlich vom Erfolg im Tennis abhängig zu machen. Ich bemühe mich, daß junge Spieler einsehen, daß Tennis ihnen Lebenserfahrung gibt, durch die sie eine Anzahl von Fertigkeiten lernen, die sie im Leben brauchen können.
Natürlich wäre es großartig, wenn Sie Tennisprofi würden, aber das sollte nicht der einzige Grund sein, aus dem Sie gut spielen möchten. Ich habe den Verdacht, daß der Druck, den Sie sich mit Ihrem Plan, Profi zu werden, selbst erzeugen, die Ursache für Ihre augenblickliche Stagnation ist. Konzentrieren Sie sich aufs Training und auf die Freude daran; damit nehmen Sie den Druck weg. Ich glaube, daß Sie dann merken werden, daß Tennis, unabhängig davon, wie weit Sie es einmal bringen werden, für Sie eine wertvolle Erfahrung fürs Leben sein wird.

9

Schlußwort

Auf die Perspektive kommt es an

Wenn die Einstellung zum Tennis erst einmal negativ ist, kann das fatale Folgen für Ihr Spiel haben. Es gibt aber einen sicheren Weg, sich vor derartigen Auswirkungen zu schützen: die richtige Perspektive. Diese Einsicht hat für jeden Spieler einen unschätzbaren Wert, insbesondere wenn er sie früh in seiner Karriere gewinnt, ehe er durch schwierige Zeiten hindurch muß.

Geld, Ehrgeiz, Anerkennung, finanzieller und zeitlicher Aufwand u. ä. beeinflussen die Ansichten über das Tennis sehr stark. Diese Beeinflussung reicht vom Jugendspieler bis zum Senior und gilt für alle Leistungsklassen. Das macht es für Spieler, Trainer und Eltern notwendig, ständig die individuelle Bedeutung von Tennis richtig zu bewerten. Wenn man die richtige Perspektive hat, reduziert das den Druck, die Angst vor dem Versagen und die Bedrohung des Selbstwertgefühls. Tennis macht dann mehr Freude, und außerdem werden die Eigenmotivation und das Engagement stärker. Am wichtigsten aber ist wohl, daß ein Fundament für eine gesunde Persönlichkeitsentwicklung gelegt wird.

Aus meiner Sicht sieht die rechte Betrachtungsweise im Tennis so aus: Tennis ist nicht bedeutender als das Leben, noch ist es mit dem Leben gleichzusetzen. Es geht dabei niemals um Leben und Tod. Beim Tennis geht es auch nicht darum, die Nummer 1 zu werden, unter die ersten zehn zu kommen, in eine Auswahlmannschaft aufgenommen oder Profi zu werden. Beim Tennis geht es darum, wer Sie sind und wie sich die inneren Werte entwickeln. Der Wert einer Person kann niemals an Siegen oder Niederlagen gemessen werden. Tennis ist eine Lebenserfahrung, die Ihrer Persönlichkeit nützt. Es geht nicht darum, Pokale, Titel oder Meisterschaften zu gewinnen, sondern darum, was für Konsequenzen das Tennisspiel für Sie als Person hat: Fühlen Sie sich gut dabei?

Tennis kann Sie eine Menge lehren: etwas leisten zu wollen, normale Grenzen zu überschreiten, neue persönliche Fähigkeiten und Fertigkeiten zu erlangen, Ihre eigenen Ängste und Zweifel zu bewältigen. Darum geht es im Leben und im Tennis. Dieser Kampf sollte Sie als Person stärker und nicht schwächer machen. Tennis sollte Ihre persönliche

Kompetenz erweitern, weil es Fertigkeiten fürs Leben vermittelt. Es gibt nicht das Turnier, das Spiel oder den Punkt, wo alles entschieden wird. Tennis reicht viel weiter. Die richtige Perspektive im Tennis ist das gesamte Bild, und das sind Sie selbst.

Sie sollten Tennis spielen, weil es so eine großartige Sportart ist und weil es gut für Sie ist. Zeit, Geld und andere Opfer, die Sie dafür bringen, lassen sich nur auf dieser Basis rechtfertigen. Und wenn Sie dabei ein großartiger Spieler werden, dann ist das wie das Tüpfelchen auf dem »i«. Es geht nicht darum, daß Sie ganz groß dabei herauskommen. Entscheidend ist, ob Sie die richtige Perspektive behalten. Was Sie dann bekommen, ist seinen Preis wert, unabhängig davon, welchen Platz Sie in der Rangliste erreichen.

Register